左：「サウィン」（冬）の仮面、アイルランド
右：「ハロウィン」のカボチャの仮装

収穫祭（秋）「ルーナサ／ラマス」の記念切手

「インボルク」（春）の「ひよっこ隊」

『ケルズの書』「獅子」の装飾文字

ちくま新書

ケルト　再生の思想

――ハロウィンからの生命循環

鶴岡真弓
Tsuruoka Mayumi

1286

ケルト　再生の思想

――ハロウィンからの生命循環

【目次】

プロローグ　「ハロウィン」の起源――ケルト伝統の季節祭「サウィン」

人間は「過去・現在・未来」に同時に存在することはできない。

しかし冬を目前にしたヨーロッパのある民間の祭日では、その一年の始まりの前夜に、「生まれること、生きること、死ぬこと、再生すること」のすべてを、一夜にして目撃できるという。それは、厳しい北ヨーロッパの風土に生きる人々の実感に根ざしていた。「万霊節」と呼ばれるケルトの祭「サウィン」である。

今日イヴェント化されている「ハロウィン」の起源は、このケルト伝統の「サウィン」にある。

十九世紀、アイルランドやスコットランドからの移民がアメリカに伝え、あらためて広まった「ハロウィン」は、実は、ヨーロッパの基層文化を築いたケルトの人々の供養の季節祭に遡るものである。

ケルトの暦の「新年」は、今日の太陰太陽暦の十一月一日に当たる、厳しい「冬の始まり」の第一日目とされた。前夜の大晦日、十月三十一日の日没から始まる「サウィン」の夜に、それまでの一年の「旧《ふる》い時」と、来るべき「新しい時」とが、うねりを起こし、混ざり合う。ふだんは「死と生」を隔てている壁が破られ、「あの世とこの世」の間の扉が開かれ、「祖先」と、親しい「死者たち」が、この世に戻ってくると信じられた。

すなわち「サウィン」は、祖先の霊や親しかった死者を、家に招き入れて、もてなし、静かに供養する、冬の始まりの夜だった。

この時季、太陽のエネルギーは極端に弱まり、「光の半年」が終わって、死の季節である「闇の半年」へと反転すると、人々は考えた。大自然の生命力が「光から闇へ転じてしまう節目」がこの時であり、死者はこの世に戻ってくるという信仰が、「サウィン」の暦が生まれる大元にあった。

中世ローマ・カトリック教会が、ケルトの正月に当たる十一月一日を「諸聖人の日」と定めてから、その前夜、教会では祈祷がおこなわれ、また、公式ではないが一般では「ハロウィン」として祝われるようになった。歴史上、異教ケルトの「サウィン」と、キリスト教の「ハロウィン」という二つの祭暦がその結果、重なることになる。いずれにしても、今日、「ハロウィン」はそのルーツにあった「サウィン」の精神を引き継いでいる。

すなわち「サウィン／ハロウィン」は、元より「生と死の対立」を煽る夜などではなく、祖先や、逝った親しい仲間と、魂《ソウル》を交流させて、闇の季節の安寧と、闇に沈んだ者たちが

「闇から光をみいだす」ことを願う夜であった。

厳しい冬の飢餓にさらされる季節に、祖先の霊や親しい死者たちが蘇り、それを供養するという人々の思いは消えずに残ったのである。

最も厳しい「闇の季節」の入り口に立つこの夜、「死者」を供養し、家に招く。もしも人間たちが、祖先や、無念のなかに去っていった者たち、できごとを、忘れてしまったなら、祖先や死者たちの霊は、警告するために、あえて悪霊の姿で現れることになるだろう。

ふだんは「この世」か「あの世」かのどちらかに縛られている存在同士が、両方を行き交う時空が現れる夜のおかげで、サウィンは私たち人間が、「死者を慰める」ばかりではなく、生きる者たちこそが、「死者たちから生命力を贈与される」、恵みの夜ともなる。

「サウィン」の恵みとは、希代のアイルランド人小説家J・ジョイスが『フィネガンズ・ウェイク』(一九三九年)で描いたように、もはや過去の人であると皆が諦め集った通夜《ウェイク》の只中に、死んだフィネガンが目覚め《ウエイク》、生き返ってくるような奇跡である。またそれは現代アイルランドのトム・ムーア監督の傑作アニメ『ブレンダンとケルズの秘密』のように、少年修道士が出口なき悲しみの森を彷徨《さまよ》い、もう駄目かと思われたその瞬間に、緑葉を付けた樫の木の道しるべに出会うような救いである。

なぜ、黒々とした「サウィン」の夜に、生者にこのような「恵み」がもたらされるのかといえば、この特別の夜に蘇る死者とは、過去の存在などではないからである。死者は生者が同情する弱い存在であるどころか、言葉も行動力ももち、時空を超えて何か大切なものをもたらす導き手である。フィネガンのように、「死んだ男」は、ケルトの想像力においては「過去に留まる幽霊」ではありえず、それどころか過去・現在・未来を行き来して、この世の者たちに何かをもたらすスピリットなのである。「生と死」や「あの世とこの世」、「光と闇」は二項対立なのではなく、常緑の「循環」する生命のサーキュレーションとしてあることを、「サウィン」というケルトの伝統は、教えてくれる。

それゆえ私は今までイメージされてきた「黒いハロウィン」ではなく、生命が再生する季節祭として「緑のハロウィン」と密かに名づけてきた。動物も植物も鉱物も人間も「生きとし生けるもの」は、たとえ枯れても死んでも、大自然の生命循環の円舞に乗って「再生」し、どこかで芽を出し、再び緑の葉を茂らせる。その出発点に「サウィン／ハロウィン」があるのだと、古代中世の人々は信じていただろうからだ。

そしてここに「サウィン」の始原に繋がる、とても重要なことがある。「サウィン」は「ケルトの暦（ケルティック・カレンダー）」における「四つの季節祭」の第一番目の暦日であるということである。

農耕牧畜を営むケルトの人々は、一年のサイクルをはかり、順に巡ってくる「冬・春・夏・秋」という「四つの季節祭」の暦を生きていた。「冬のついたち＝サウィン」「春のついたち＝インボルク」「夏のついたち＝ベルティネ」そして「秋のついたち＝ルーナサ／ラマス」という「四つの季節祭」を、大自然の「生命循環の周期」の節目と考えた。人々はそれに添って生き、「生まれて死ぬ」という直線の生命ストーリーではなく、大自然に学び、「死から再生する生」という「生命循環」のヴィジョンをケルトの知としてつくりあげてきた（13頁の図参照）。

死者の季節である冬＝闇の始まりの「サウィン」を、ケルトの「四つの季節祭」のスタートに定めた意味はそこにある。古代中世を生き抜いた人々は、「死から立ち上る生が、最も強く豊かな生である」ことを身をもって知っていた。

「サウィン／ハロウィン」の夜のように、私たちも、「闇」から始めることで、再び生まれ直すことができるかもしれない。現代の生命論への深いヒントもそこに隠されている。

本書は、「ハロウィン」の起源「サウィン」の意味を解き明かし、死者へのもてなしと供養の夜から始まる、ケルトの「四つの季節祭」を巡っていく。それは伝統文化の生きる知恵を通して、現代の私たちの普遍的な「生命循環」への祈りの根源を訪ねるものである。

そこには神話や伝承の「言葉」とともに、「イメージ」としてはっきりと見える生命のサイクルを描いた、アイルランドの至宝『ケルズの書』の、ケルティック・スパイラルまでが控えていることだろう。

「緑のハロウィン」へ。「再生する」ための季節祭へ。

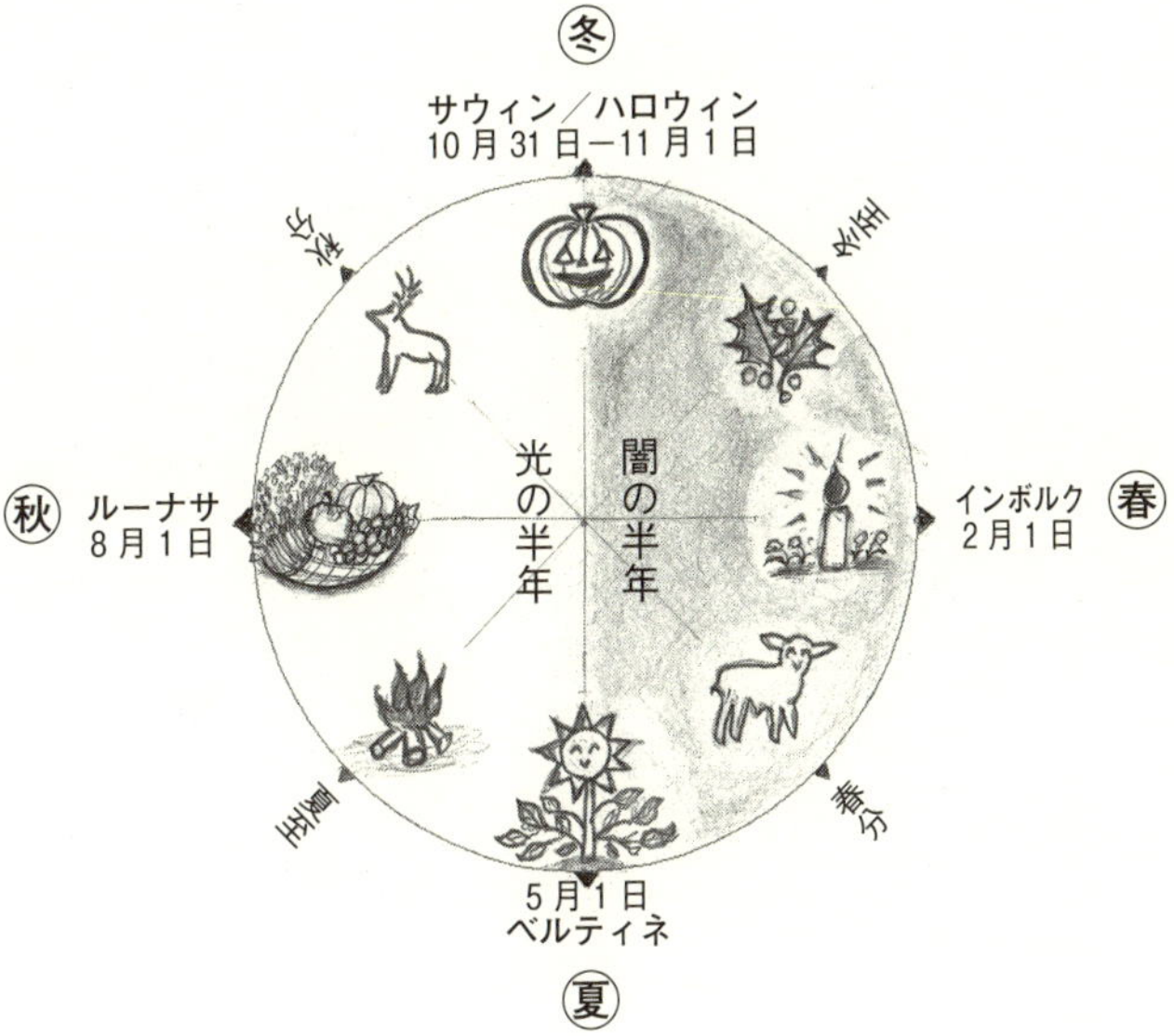
冬
サウィン／ハロウィン
10月31日−11月1日
秋分
冬至
光の半年
闇の半年
秋
ルーナサ
8月1日
インボルク
2月1日
春
夏至
春分
5月1日
ベルティネ
夏

ケルトの「四つの季節祭」

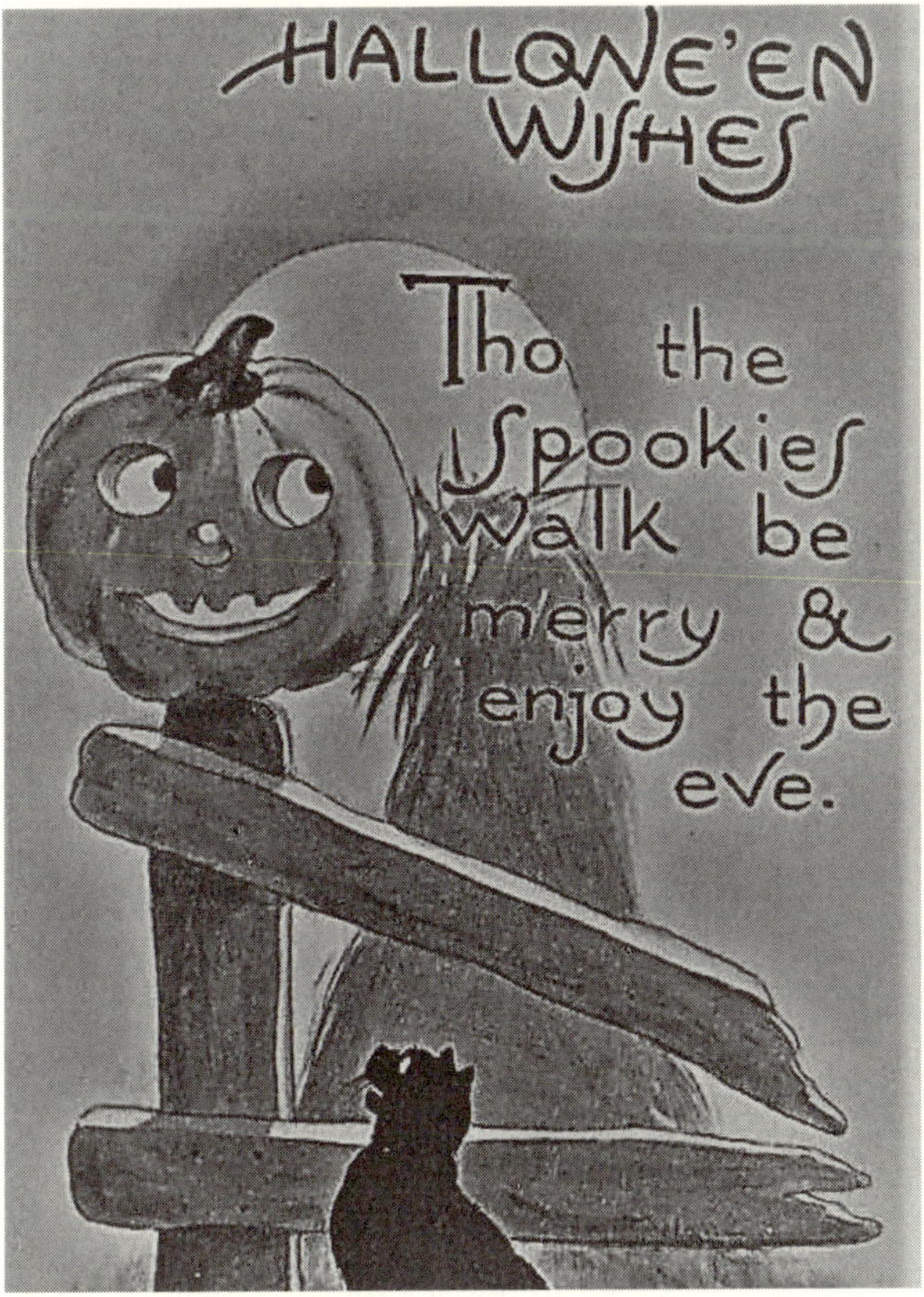

第一章

「サウィン」と「ハロウィン」冬の祭日
——死者を供養する「生命再生」の祭

「ハロウィン」ジャック・オー・ランタン

†「ハロウィン」の現在――死者と出会う夜

骸骨からゴシック・スタイルの女王まで、ゴーストリーなコスプレで、子どもも大人もが街に繰り出す。ヨーロッパやアメリカはもちろん、アジア圏でも、近年異様といえるほど熱心に、「ハロウィン」が「祝われて」いる。とくに無宗教を装う日本でも、十月三十一日の夜、何かが沸き立つ。

十九世紀半ばからアメリカでは、主として子どもたちの祭になり、商業主義のディスプレーに街が席巻《せっけん》されている。それでも「ハロウィン」の夜には、人々は何か神秘的で眼に見えない恐ろしさや神聖さを、季節の匂いと共に感じ取る。「ハロウィン」というテーマは、お化けのキャスパーのように生死の境を越え、さまざまな物語を生み出してきた。

アメリカの幻想作家レイ・ブラッドベリの『ハロウィンの木（邦題：ハロウィーンがやってきた）』（一九七二年）では、「ハロウィン」の夜に、人間＝生者が、あらゆる死者や異界的なものと交流する。

主役の子どもたちは、ゴシックな幽霊屋敷で、無数のカボチャのお化けの顔がゆらゆら揺れる「ハロウィンの木」を見上げ、凧に乗り、木の葉の翼を得て、「死者の蘇り」を祈った世界の名所を飛び回る。古代エジプトのミイラ、パリのノートルダム寺院、メキシコの「死者の日」。そしてもちろん「古代ケルトのドルイド」のブリテン島へも。タイムスリップし、蘇った死霊が渦巻かせる嵐に弾き飛ばされながら、「ハロウィン」のルーツへと、果敢に潜入していくのだ（図1-1）。

「ハロウィン」という祭は、十九世紀、アイルランドやスコットランドからの移民が新大陸にもたらして以来、アメリカで大きく広まった子どものためのイヴェントと思われている。事実ブラッドベリのこの小説も「子どもたち」のために書かれたものだった。しかし彼が物語に託したのは、「ハロウィン」の起源にある、古代中世の人々の精神に遡ることの大切さだった。その精神とは、「死」を隠すことなく、死者たちと出会い、何かを発見することである。

図1-1　ブラッドベリ『ハロウィンの木』オーディオブック・ジャケット

すなわち「ハロウィン」の夜とは、あなたのご先祖そして親しい死者たちを「思い出すこと」「もてなすこと」「供養すること」を年に一度おこなう夜なのだ。家に戻ってくる死者たちを、食卓に招き、供養し、ごちそうで「供宴（フィースト）」し、交流すること。そうした大元にあった「サウィン」という祈りの日の真実を、作者は伝えようとしている。

だから今日「ハロウィン」で、子どもたちがお化けの格好をして家々を廻り「お菓子をくれなきゃ、いたずらするぞ！」と訪ねて歩く理由が、ここにある。

「トリック・オア・トリート！」という成句は、この祭暦を最初に生んだ人間たちの思いを、ボンファイアのオレンジの炎のなかに反映させている。「お菓子をくれなきゃ（おもてなししないと）、いたずらするぞ！」という言葉には、「もしあなたが、祖先や親しい死者を忘れ、思い出す力もなく、戻ってきた私たちを家に招いて、もてなすこともしないなら、私たちは悪霊となって、人間に襲いかかるぞ！」という、警句が含まれている。そういって家々を訪ねる仮装の子どもたちは、比喩ではなく、ほんとうの死者たちなのだ。

この言葉が生まれたのが、古代ではなく後世であったとしても、その精神は異教の昔からあったのだと、ブラッドベリは冒頭で告白、いや、警告している。かつての「ハロウィン」には——そのルーツの祭「サウィン」ではなおさら——大人も子どもも共同体全体で、死者と祖先に思いをいたし、供養した。

ブラッドベリのこの作品には、今は失われた万霊節的な「魂《ソウル》」が通奏低音のように流れている。人間は限りある生命のもちぬしであるが、この夜には、一度死んだゆえに、不死の霊魂《ソウル》となった霊たちの運命を聞き静かに祈る。物語は、この祭の真実を大人に思い出させ、子どもたちに教え、過去（消え去ったもの）と現在（いま在《あ》るもの）のただならない遭遇を見事に交錯させた作品なのだ。

そうしたアメリカの「ハロウィン」の文化は、クールなエンターテインメントも生み出してきた。あのマイケル・ジャクソンもハロウィンから深いインスピレーションを受けたアーチストだった（図1-2）。

大ヒットの『スリラー』（一九八二年）のダンスは、ハロウィンの夜に墓からつぎつぎに蘇る死者たちの、鬼気迫るスタイリッシュなダンス（中世ならさしずめ「死の舞踏」）である。それは死者が堂々と一年に一度この世に戻ってくるその夜に沸き立つ黒い生命力が、「ハロウィンという文化コード」となって、大衆に共有された。「スリラー・ダンス」はアメリカ人がみればハロウィンが大前提にあり、「亡者たちが蘇り彷徨《さまよ》う動き」を昇華させた金字塔である。この作品はアメリカの人々のなかにある「ハロウィンの想像力」がストレートに発揮された芸術であり、ゆえにミリオン・ヒットに繋がった（アルバム『スリラー』は全米チャートで三十七週一位を記録。第二十六回グラミー賞では異例の八部門を受賞した）。もはやマイケルはほんとうに死者たちの世界へと旅立ってしまった

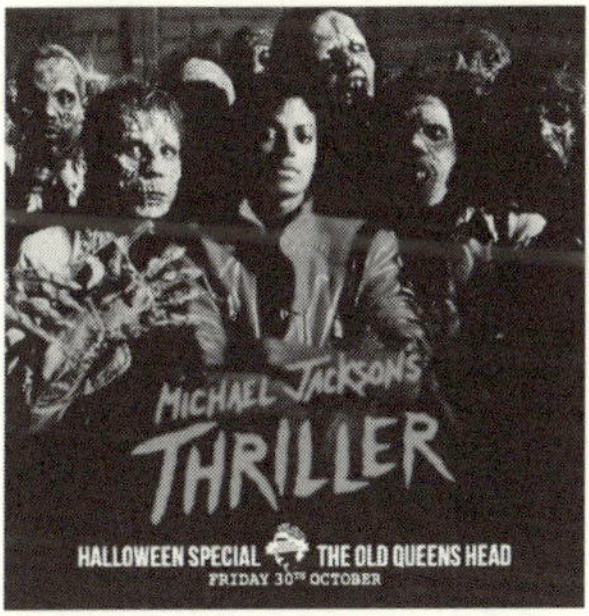

図1-2　「スリラー　ハロウィン・スペシャル」のPR写真

が、「ハロウィン」の夜に繰り返し戻ってくるのだ。

一方、そうした小説やエンターテインメントではなく、もちろん現実にも、「ハロウィン」の行事は生きている。アイルランドと同じくカトリックの国であるポーランドでは、十一月一日・二日は国民の祭日で、キャンドルと菊の花を携えて墓参りをする。ナチス・ドイツによる悪夢のアウシュヴィッツ第一強制収容所と「死の線路」にも、花やキャンドルを供える。墓地は色とりどりの菊の花でいっぱいだ。中国の故事では仙境で長寿の秘蹟をもたらす秋の「重陽の節句」の花。それはヨーロッパの「ハロウィン」においても死者の永遠の生命を祈る徴《しるし》となっている（図1-3）。

図1-3　ワルシャワの「死者の日」（撮影・磯部直希）

また忘れてならないのは、ブラッドベリの『ハロウィンの木』の構想に大きな影響を与えた、メキシコの「死者の日（ディア・デ・ロス・ムエルトゥス）」である。前夜を含め十一月一日から二日、人々は死者の仮装をして練り歩き、オレンジ色のマリーゴールドの花で町中が満たされる。先史時代のアステカでは骸骨を敬う習慣があった。冥府の女神がおり、スペイン人の入植でヨーロッパの「ハロウィン」と習合し、あの「死者の貴婦人」カトリーナになったといわれる。セルゲイ・エイゼンシュテインの映画『メキシコ万歳』

（一九三二年）には、とても貴重なメキシコの「死者の日」が記録されている。

一方、「サウィン」を精神文化の遺産として発掘しようとしたアイルランドでは、死者の蘇りのテーマが、十九世紀末の「ケルト復興」で民間伝承から再発見された。カトリックの国だが、異教ケルトの死生観や自然観が伝統社会で息づいていた。死者の追悼や通夜はサウィンの夜を体現する共同体の集まりであった。

復興のムーヴメントの中心にいたW・B・イェイツは、ノーベル賞を受賞し、モダンな「幻視家」を自認しつつ、詩集『塔』に「万霊節の夜」の詩を収めた。原題「オール・ソウルズ・ナイト」には、死と再生のヴィジョンを見出そうとする自身の意識を浮かび上がらせた。

死んでいながら「生きて戻ってくる」死霊の力は、生きている人間を逆照射する。それは彼ひとりの発見ではない。収集された「幽霊の歌」の数々は、死者の霊との出会いの話が生きてはたらいていた、西部の農村の有り様を伝えている。都市文明を謳歌する近代によっても消されることはない「サウィン／万霊節」の沃野にして荒野がそこにはあった。

冷戦終結後、ヨーロッパにおける「ケルト文化」への注目が、一世紀ぶりに回帰した。神話的伝承とリンクして考古学からの発掘も盛んになり、古代の「女神」の埋葬地にして供養の地であった「ウォードの丘」（アイルランド東部、異教時代の王宮のあったタラの丘近傍）の実態が明らかになり、毎年「サウィン」の夜にボンファイアを焚く祭も復活している。

こうした世界の「ハロウィン」の慣習や文化的背景については、これまで日本ではよく知られてこなかった。だからこそ、本家を上回るほどの、ファンタスティックな「死者たち」が跋扈《ばっこ》する祭となったのかもしれない。

†「トリック・オア・トリート」の始原

「ハロウィン」の夜に、子どもたちが家々を廻って、「トリック・オア・トリート！」と言い放つ慣わしは、どこからきたのだろうか。これは、ケルトの「サウィン」に遡る「死生観」が反映されている言葉であり行為である。

「サウィン／ハロウィン」の夜には、死の世界と生の世界の壁が取り払われ、死者が蘇り、両方の時空に大交流が起こる。その交流の最たるものが、祖霊や死者たちが家々に戻ってくることであった。今日の「サウィン」に贈られるカードにも、「祖先と親しい死者たちを思い出しなさい。そして彼らを家に招き、もてなしなさい」と書かれている。

彼らが戸口に現れる夜のために、人々は食卓に食事を用意し、共にいただいた。そう、「ハロウィン」で子どもたちが亡霊の仮装をして各戸を訪れ、ねだる「お菓子」とは、死者たちを供養するためのごちそうのことだったのである。人々はそのごちそうの象徴として、お菓子を焼いた。それは今でも作られている丸いお菓子で、祖先や故人を思いながら、干しブドウなどで十字架の形をほどこす（図1-4）。

一年の収穫の貴重な小麦粉を、祖先や親しい死者の供養のために焼くので、「霊魂のお菓子（ソウル・ケーキ）」と呼ばれる。そもそも人類史においてお菓子の起源は「供物」であった。訪れた霊・精霊・神々（サウィンでは祖先や死者の霊魂）と共に、それをいただくのが、祭における「宴」の起源でもあった。「トリック・オア・トリート！」とは、供養の「トリートメント（もてなし）」を求めて訪れる、祖先や親しい死者たちの願いを、子どもたちが代理して放つ声なのである。

図1-4　「霊魂のお菓子」

いいかえれば、もし生きている人間たちが、祖先や死者たちのことを忘れ、供養すること（もてなすこと）を怠るならば、霊たちは怒り、邪悪なこと（トリック、いたずら）を起こすだろう、と警告して歩くのだ。「トリック・オア・トリート！」の呼びかけには、死者と生者を繋ぐ、深いメッセージが込められている。

子どもたちが死者の格好をするのは、彼らが大人よりも純粋な魂のもちぬしであるがゆえで、死者の霊魂の化身として、家々にやってくるのである（図1-5）。

この供養、おもてなしのヴァリエーションとして、フランス西部のケルト文化圏、ブルターニュでは、訪ねてくる死霊のために戸口や窓の外に食べ物を用意する習慣が（宗教改革の起こる前の）十五世紀まであり、食べ残しがあると凶兆とみなされた。

南ヨーロッパでも、シチリアのパレルモではこの日に八〇〇〇体のミイラが安置されているカプチン教会の地下墓所に観光客の訪問が増えるが、シチリアでは十一月一日のイヴに、死者たちが墓から蘇って家々に戻り、子どもの靴下に、おもちゃやお菓子を入れると信じられてきた。そのようなわけで、「ハロウィン」は、古層に横たわる古い文化・文明の死生観を深く感じさせるものであろう。

図1-5　「ハロウィン」の仮装の子どもたち

ではまず「ハロウィン」とは、歴史的にどのように成立し、そして衰微し、復活したのか。それを確認してから、その源流「サウィン」へと遡っていこう。

†「諸聖人の日」のイヴ、「ハロウィン」

今日一般で祝われている「ハロウィン」は、中世に、カトリック教会によって十一月一日に定められた「万聖節」といわれる「諸聖人の日」のイヴに重なっている。

最初この「諸聖人の日」(十一月一日の前夜から当日の日没まで祝われる)とは、「世を去った有名無名の聖人・聖徒を記念する日」とされた。古くは四世紀、東方教会のクリュソストモス(コンスタンティノポリスの総主教)が、聖霊降臨日(キリストの復活から五十日目に当たる、五月下旬から六月上旬の移動祝日)の後の最初の日曜日を、「諸聖人の日」としていた。

一方、西方教会(ローマ)では、七世紀初頭に教皇ボニファティウス四世が「諸聖人の日」を五月十三日と定めた。今日有名なローマの名所パンテオン(万神殿)が、古代ローマの異教の神殿のまま残ったので、そこをキリスト教の聖母マリアと「殉教者」を祀る聖堂とする際に、殉教した聖人を主とする記念日を定めたのである。この諸聖人には最初は一般の諸聖徒も含まれていた。そしてさらに七三七年、グレゴリウス三世が日取りを「十一月一日」に改めたのであった。

「諸聖人の日」を定めたのはキリスト教会側であったが、この後、重要な修正をおこなった。中世社会で聖人崇敬が盛んとなった十世紀のこと、この日に記念するのは「殉教者と聖人のみ」に限定し、翌日の「十一月二日」に、それに含まれない一般信徒の逝去者を供養する「諸魂日」を定めたのであった（『キリスト教大事典　改訂版』）。

教皇が定めた十一月一日の「諸聖人の日」は、ラテン語では「フェストゥム・オムニウム・サンクトルム」、英語では「オール・セインツ・デー（万聖節）」という。一方、ケルト文化の残るブリテン諸島では、このキリスト教の「諸聖人の日」のイヴを、「ハロウィン（*Halloween* / *Hallowe'en*）」と呼んだ。「ハロウ（聖人）のイヴ」という意味で、語末の「*een*」や「*'en*」は、低地スコットランド語の「*even*」からきている。

その後、「ハロウィン」は、宗教改革以降も、ほそぼそと続けられ、十九世紀にアイルランドおよびスコットランドから大量に移民した人々によって新大陸に伝えられた。当初は仲間内だけの催しであったものが、十九世紀後半には資本主義の主役ブルジョワジーにも受け容れられるようになり、大衆の祝祭日として年鑑に記録されるほどポピュラーになった。

二十世紀初頭には、社会的、人種的、宗教的背景に関係なく広まり、一九五〇年代には「トリック・オア・トリート！」の合言葉が企業広告や、映画・テレビなどのメディアから普及し、クリスマスに次ぐ大きなイヴェントになった。そして近年のグローバリズムに至ってアジアにも広まり、アメリカ風のハロウィンがヨーロッパにも逆輸入された。それを導入するきっかけを与えアメリカでも守ってきたのが、アイルランドなどのケルト系の移民の人々であったことは、歴史の必然であっただろう。「ハロウィン」の基層に「サウィン」があり、新しい国で再生し、たくましく生き残ったといえる。

では、ここから根源にある「サウィン」とは何かを、繙《ひもと》いてみよう。

†「サウィン」とは何か——冬越えの試練

「サウィン」とは、異教時代のケルト伝統の冬の入り口の季節祭であった。

アメリカでは、子どものためのハロウィンの最初の物語は十九世紀末に書かれており、M・D・ブラインの『エルシーのハロウィン体験』(一八八八年)に、興味深いフレーズがみとめられる。

「それはハロウマスの宵祭りのことで、万聖節《オールセインツ・デー》とも言うけれど、異教の時代の名残なの」

(L・モートン『ハロウィーンの文化誌』)

ハロウィンの土台に「異教」の背景があるという大前提を、母親がコメントするくだりである。「ハロウィン」つまり「キリスト教の諸聖人の日」の前夜に渦巻くミステリアスな雰囲気が、遠い古層の信仰に遡るということを、少女も感得していたのだろう（図1-6）。

　異教の文化が野蛮であったと考える人は現代ではいない。暦・祭というものは、世界各地に、大宗教がやってくる遥か以前に発生していて、ケルトの「サウィン」も、ヨーロッパの古層の文明を長い間生き抜いてきた暦であった。

「サウィン *Samhain*」とは「夏の終わり」を意味する、インド＝ヨーロッパ語に遡る、アイルランド・ゲール語である（スコットランドでも *Samhain* と綴り、マン島では *Sauin*、

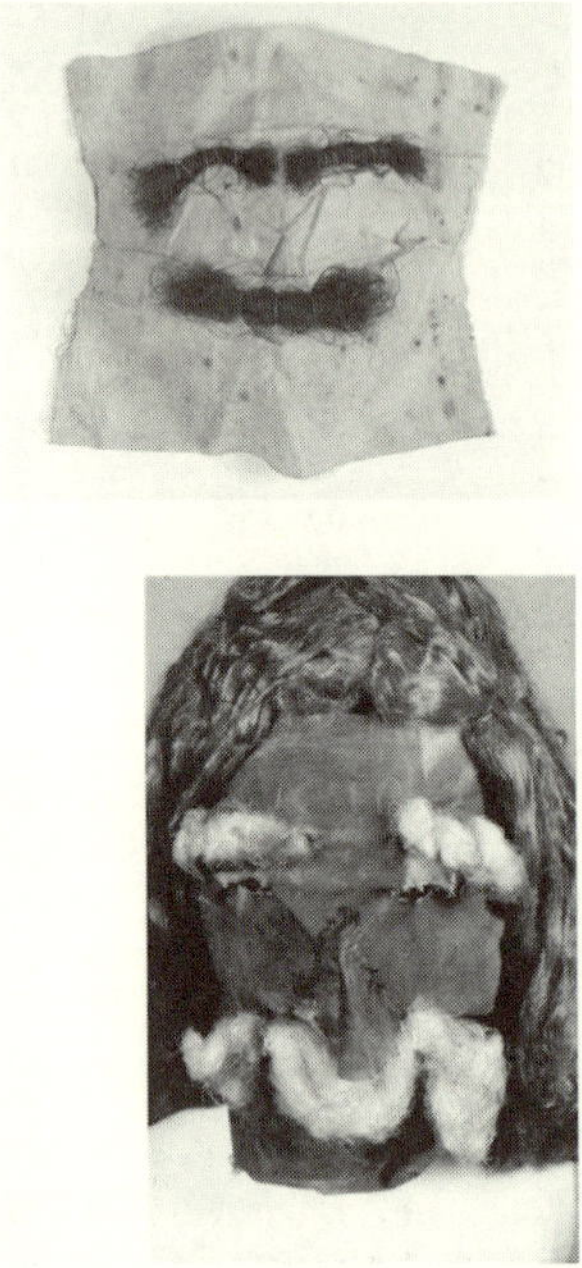

図1-6　「サウィン」の仮面

ウェールズでは*Nos Galan-gaeaf*〔冬暦の夜〕と呼ばれることになるものであった)。

「夏の終わり」とは、太陽のエネルギーの下、農耕牧畜によって生命を育める「光の半年」の終わりで、「サウィン」の祭日が設けられたのだ。冬の入り口、「闇の半年」の始まりに「サウィン」がある。つまり「サウィン」とは、光の季節と闇の季節が反転する日であり、ケルトの人々の生業である農耕牧畜の営みの納めの日であり、真冬のためにその日までに食糧を備蓄しなければならないのであった。

なぜ「サウィン」が祖先の霊や親しい死者が訪れる日とされたのか。それは、冬の季節の入り口が、「死」によって表象されるからである。サウィンのイヴに跋扈する「死(者)」は、人々にとって「他者」ではありえなかった。闇に向かうその夜に、静かに家に迎えて、これからの「闇の半年」の安全を願う日とした。

「サウィン」は祖霊や死者たちへの供養の日であると同時に、真冬の最も食べ物がなくなる時節を乗り切るための覚悟の「季節祭」でもあった。

第一に重要なことは、「サウィン」は、ケルト伝統の「四つの季節祭」の「第一番目」にくる祭日であるということである。

「冬のついたち＝サウィン」「春のついたち＝インボルク」「夏のついたち＝ベルティネ」そして収穫祭の「秋のついたち＝ルーナサ／ラマス」という、一年の「生命循環」のサイクルの、最初に置かれた祭日であった。「サウィン」の土台には、大自然の「季節の巡り」が人間に示す「生命のサイクル」を深く観察してきた人々の先史からの生き抜く知恵が横たわっていた。

人々は、「サウィン」という「冬＝死＝闇」から「夏＝生＝光」が再生するという深い思惟を、ケルトの「四つの季節祭」のサイクルに刻もうとした。既に中世のアイルランド神話伝説のなかで、アルスター（現在の北アイルランド）の英雄クーフリンの求愛物語「エウェルへの求婚」（十世紀）には、サウィンがケルトの四つの季節祭の「第一番目」であることが記されている。中世アイルランドの共同体は、この暦に従って営まれ、人間が生命力を保持するための節目として、大切に守られてきたことがわかる。「サウィン」は、唐突に死者が飛び出してくる日なのではなく、「死の日」を特定し、新年を迎える祈りの儀礼であった。

「サウィン」の夜に、人々は儀礼として、「ボンファイア」を焚いた。

つまり「サウィン」までに、牧場から戻らせた家畜すべてに、冬のあいだ餌を与え春を迎えさせることはできないため、家畜の多くを殺《あや》めねばならなかった。これは抽象的な死ではなく、生業においても死を最も目撃することになる日であった。闇は家畜の死骸とともに広がるといっても過言ではない日でもあった。ゆえに「サウィン」の夜には、浄めのための特別のかがり火を焚いた。諸説あるが「ボンファイア」は、それゆえ家畜の死骸の骨を積み上げて焚いた火であるといわれる。「ボンファイア」という語は、「ボーン＝骨」というその起源をそのまま語り継いできたのだ。

†一年の締めと始まりの日

アイルランドの神話でもしばしば描かれるように、伝統的に「サウィン」には「部族の大集会（オイナハ）」が開かれた。この集会は死んだ人を追悼する集いでもあって、埋葬地かその近くで開かれた。この集会で、生者は、死者に再会するとともに、生きている人々に一年ぶりに再会して、新しい年を迎えるための締めと再生を期した。民間でも「サウィン」までに揉め事などは清算し、リセットされ、「社会」全体が再生する。農耕牧畜のコミュニティーは、「収穫」「備蓄」「清算」をし、翌年の十月までの十二ヶ月の生産体制を確実に計画しこれを完了した。冬越えさせる家畜はこの日をもって小屋に納め、一部を屠殺し食糧として確保する。「サウィン／ハロウィン」の日は、邪悪なものに翻弄される日であるどころか、「手堅い生活・生命」を準備する締めの日であった。

雇われて生産に従事した者たちは、報酬をもらう。ブリテン諸島の各地方では、雇い主は雇用者を一旦解雇するが、新たに支度金を用意して雇うという「人手市（ハイヤリング・フェア)」が「ハロウィン」や十一月十一日の聖マーチンの祝日に開かれていた。この方式はヨーロッパの人口の三分の一が死亡した黒死病、ペストによって農業労働者を確保できなくなった経験から、地主に保証をもたらすために、十四世紀にイギリスのエドワード三世が定めた「労働者法」以来のものであった。労働者や職人は前年の十月から一年後の十月まで雇用され、雇用の終了する十月の特別の日に最高の服を着て、新しい雇用主を求めてフェアに出向く。熟練でない召使などは、箒のモップを持っていくので「モップ・フェア」ともいわれた。雇用主は従業員に「固定ペニー」と呼ばれる小さな通貨証書を渡して一年契約を結んだ。これはヨーロッパの諸国でおこなわれてきた。農耕牧畜社会が、「ハロウィン」の月の十月を締めと始まりの時として、営まれてきた歴史をよく伝えている(図1-7)。

ところで、前後するが、八世紀の初期キリスト教時代に、教会が「十一月一日のケルトの新年」(そしてそのイヴの「サウィン」)と重なる日に「諸聖人の日」を定めたのはなぜであったのか。この議論では、①宣教のための異教の慣習の取り込みであったのか、②伝統社会のたいせつな慣習をキリスト教会が活かすかたちで結果的に残したのか、解釈が分かれる。が、いずれにせよ確かなのは、教会は、布教のプロセスで、キリスト教「以前」の異教時代からおこなわれていた祭暦に重ねるかたちで、自らの信仰、祝日のカレンダーを作ってきた歴史があるということである。

際立つ例として、「クリスマス」がある。神の子イエスの降誕日は、聖書には書かれていない。にもかかわらず、カトリック教会は、太古から北半球のユーロ＝アジア世界で祝われてきた「冬至（ユール）」の祭日の近くに「クリスマス」の日月を定めた。異教の冬至祭は「光の蘇り」を祝うものであり、そこに「光の子の誕生」を重ね、異教の慣習に寄り添ったともいえる。それと同様で、本来異教ケルトの新年である「十一月一日」（イヴの十月三十一日の日没からの「サウィン」を含む）を、キリスト教に貢献した殉教者や諸聖人の日、万「聖」節としたことは、「冬至」を「クリスマス」としたことと同じ発想があったのかもしれない。古い皮袋（ケルトの慣習）に、教会は新しいワイン（キリスト教）を注ぎ入れ、より後からきた宗教文化の意味を伝えること、これはある意味では、最も自然な、祝祭日の修正、継承であった。何千年と使われてきた皮袋を捨てて、一夜にして新しいワインを新しい皮袋に詰めることはできないことは、誰もが知っている。

図1－7　報酬や食糧をもらう人々

カトリック教会でも、「諸聖人の日」の祭暦の始まりの時刻を前日の夜（日没）から数え、結果、ケルトの「サウィン」と、キリスト教の祭暦の日時が一部重なるものとなった。が、しかし早くも中世において、キリスト教の聖人崇拝が高まり、修正がおこなわれた。

「諸聖人の日」は、あくまでも、キリスト教の諸聖人の霊のみを供養する万「聖」節である。が、「サウィン」は、身分も位も名もなかった、あらゆる人々の「霊魂」を供養する万「霊」節である。その結果、キリスト教会は、「十一月二日」に一般の死者の日（これも今日、万霊節と呼ばれる）を設けた。こうして、十一月一日に記念される階層と、十一月二日に供養されるその他大勢の階層が、くっきりと分けられた。異教時代の伝統の「サウィン」と、キリスト教会が中世以来主導してきた「諸聖人の日」の次の日に設けられた「諸魂日」の目的の違いである。後に「ハロウィン」が、貧しい人々とその子どもたちの物乞いのような祭として、排除されていったことは、社会的「格差」の近代的な表れであった。

†宗教改革――「ハロウィン」の衰退

新教プロテスタントの勢力が増す十六―十七世紀からは、「ハロウィン」は、影を潜めていった。為政者は表立ってサウィン同様、ハロウィンも悪魔的な民間の悪事であると表明し、弾圧した。とくに「サウィン」のケルト的背景が眼に見えるブリテン諸島では、イングランド王ヘンリー八世の娘エリザベス一世の時代に、キリスト教の祝日だった「諸聖人の日」に教会で鳴らす鐘をも禁止した。

古い慣習は魔女が操るものとして処罰もおこなわれたという。新教国の君主は国家の父として、近代経済システムを動かすリーダーとなっていき、「死への勝利」を表象する者であることが一層求められた。闇は明るみの下に引きずり出して滅ぼし、真昼の王の制度がすみずみまでを照らし出すのである。プロテスタントは、人間の自由な経済活動によって自律を確立していく。その保証として神がおり、神が創造した宇宙自然の理は、法やシステムの理となった。神聖なものは、現世の人々の成功を支援するものとなった。イギリスは勢いに乗って新旧大陸で躍進していく。重「金」主義は、現世の利益を推進し、死の克服を謳った。

この時代に生まれたために、ふだんは饒舌なる劇作家シェイクスピア（一五六四―一六一六年）でさえも、当時の「ハロウィン」の慣習には、わずかしか言及しなかった。「ハロウマスの物乞いみたいにか細い声を出して」と『ヴェローナの二紳士』（第三幕一場）の小姓に言わせて、人を揶揄《やゆ》している。彼は「反ハロウィン」の作家だったともいわれている。またイギリスでは一六四七年に、民衆の息抜きとなっていた「ガイ・フォークス」の日（十一月五日）以外のすべての民間の祭を禁止し、「ハロウィン」は子ども、農民、物乞いのものという社会通念ができあがった。「ハロウィン」という語源を提供したブリテン諸島のケルト文化圏と新興国の中心としてのアングロ＝サクソン、イングランドに焦点を当てると、「異教とキリスト教」、「カトリックとプロテスタント」が歴史的な要因となって結果してきた、社会的な「格差」が、「ハロウィン」の変遷史に映し出される。今日、日本では「英国」と二文字で呼ばれるこの国は、正式には「グレート・ブリテンおよび北アイルランド連合王国」なる国であり、紀元前五世紀から居住していたケルトの言語文化と、その一〇〇〇年後にヨーロッパから侵入したアングロ＝サクソンとの対立と共存の歴史をもつ国である。

　十二世紀からは、アングロ＝サクソンが、ケルトを抑え、十九世紀には世界の覇者、大英帝国を作りあげていく。もはやアングロ＝サクソン中心のイギリスにおいて、「ハロウィン」は、どのような姿で生き延びたのだろうか。

†「ジャックのランタン」の真実——近代システムを越えて

　プロテスタント社会が作りあげた近代経済システムの勢いの陰で、俗なる免罪符によっても「天国」に行ける保証のない人々は、死しても墓に入れず、煉獄《れんごく》を彷徨う存在となったことは事実だった。現代の「ハロウィン」にはなくてはならない、カボチャのお化け、カボチャを刳《く》りぬいて内側にキャンドルを灯す「ジャック・オー・ランタン」。その起こりは、男が成仏できず悪魔にもらった火種を携えて、彷徨っていたというブリテン諸島の伝承にある。手にもっていたのは石炭であったともいい、スコットランドやアイルランドの泥炭地に発生する炎から想像が膨らんだのかもしれない。東部イングランドの「藁束のウィル」などとともに、キリスト教会側の解釈では、成仏できずに煉獄を彷徨う死者たちの「鬼火」とみなされた。

英語圏で「ジャック・オー・ランタン」という言葉が初出するのは一八三七年ごろだが、「鬼火」という概念は十七世紀後半、一六六三―七三年ごろの文献に登場する。プロテスタンティズムが広く北ヨーロッパに広まっていった時代であり、新旧大陸を股にかける経済活動が、もはや死者ではなく、生きている人間（生者）の側の力のみを増大させていく時期であった。イギリスでは一六五一年制定の航海条例によってオリバー・クロムウェルのイングランドとネーデルランド（オランダ）が戦争。東インドなどからアジアの富を満載して帰国するオランダ船団をイギリス艦隊が襲撃し、世界は現在のように強国の経済で動かされるようになる時代に入った。

しかし村人たちは、こうした死者を亡霊として忌避しなかった。死者が成仏できる道を

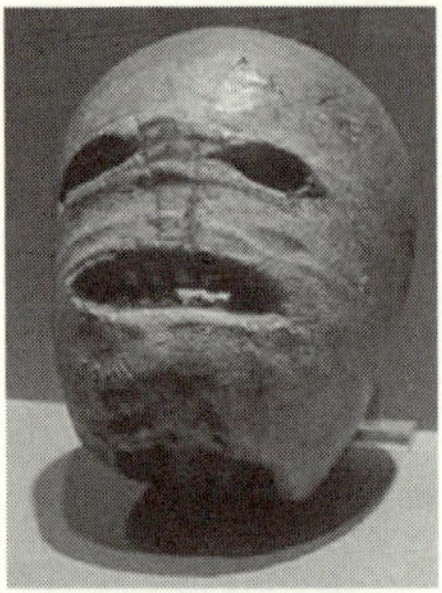

図1-8上　カブの「ジャック・オー・ランタン」、下　カボチャの仮装

照らす灯として、ランタンを作った。ハロウィンには窓辺に菓子や飲みものを置いて、死者の怒りを買わないように「交流」の標《しるし》とした。このランタンは、十九世紀アメリカへ大量に移民したアイルランド人が、豊富なカボチャを用いて一八四〇年代以降広まっていくが、元は「白カブ」を刳りぬいて作られ、発祥はアイルランドといわれている。今日世界中に広まったランタンは、彷徨える死者の「鬼火」から「霊魂」の光、そして「霊の往く道を照らす灯」となった（図1-8）。

ジャック・オー・ランタンが新大陸で広まっていく前哨戦として、十八世紀後半からケルトとアングロ＝サクソン文化圏ではハロウィンをテーマとする、ゴシック小説も花開いた。M・G・ルイスは、スコットランドのボスウェル城の滞在から霊感を受けて『不思議物語』（一八〇一年）を書いた。囚われの娘を助けようとした修道士が悪魔の奸計にかかり、ハロウィンの夜に自ら娘を誘惑し、湖に沈めてしまった哀しい物語がよく読まれた。深窓の令嬢のようなロマンティックな女性主人公がハロウィンにまつわる霊として描かれていく。このころヨーロッパ大陸のフランスでは、ナポレオン一世がスコットランドの詩人J・マクファーソンによる『オシアン』に熱狂し、フランスにおけるガリア（ケルト）文化・遺跡の発掘を推進して「ケルト・マニア」を生む。オシアンは亡霊となった父王フィンに夢のなかで出会い、竪琴をかき鳴らしその勲を讃える。ナポレオンはこのテーマの絵を所望し、イタリア征服の後、自身の寝室に飾るために画家アングルに注文した（モントーバン、アングル美術館蔵）。画面いっぱいに現れた青白き英霊たちの足下、オシアンが一人色彩のあるこの世にいて、竪琴を抱えて眠っている。圧倒的なゴーストの世界が妖しく輝いている。アイルランドやスコットランドのケルトの伝承は、革命後のヨーロッパの新しい「皇帝」をも魅了していた。

スコットランドのナショナリズムに貢献するウォルター・スコットは『僧院』（一八二〇年）で、「ハロウィン」の夜に誕生する女性の運命を描いた。アメリカでは「首なしの騎士」をフィーチャーしたワシントン・アーヴィングの「スリーピー・ホロウの伝説」も一八二〇年の出版。大西洋の両岸で、「ハロウィン」が復活し始める。

†「蛍の光」の作者と「ハロウィン・ゲーム」

こうして十六―十九世紀の「ハロウィン」は、表向きには受け入れられずとも、豊かな副産物を生んでいった。ブリテン諸島のケルト文化圏では、「共同体の楽しみ」として、この時期に様々な「ハロウィン・ゲーム」が盛んになっていく。

スコットランドの詩人ロバート・バーンズ（一七五九―九六年）は、小作農の子として生まれ、三十代の若さで亡くなるが、その詩才で民間の姿を活き活きと描き「国民詩人」と讃えられ、故郷のスコットランド南西部エアシャー方言でも書く「農民詩人」でもあった。その地方ではスコットランドの方言とゲール語も話されていた。名物の「ハギス」が大好物で、古きよき友との日々を懐かしむ「オールド・ラング・ザイン（久しき昔。邦題：蛍の光）」の詩をつくり、民間の心情を掬い取るしみじみとした叙情詩《リリック》を残す。一七八五年バーンズが、生涯最長級の二五二行の詩で「ハロウィン」での民衆の楽しみについて書いたことは有名である。村人が、きのうまでの「光の半年」に耕してきた「耕地」からの「収穫物」がハロウィン・ゲームの真ん中にあった。

ハロウィンの夜、若い男女が大量に収穫されたキャベツ（ケール）の畑に入り、それを引き抜き、土が付いていれば伴侶となる可能性があり、またその茎をかじってみて、甘さや苦さで相手の性格を判断した。ヘイゼルナッツやクルミを火に入れて共によく焼きあがり弾け飛んだなら二人は結ばれ、焦げ付くならばカップルになれない。収穫されたリンゴを水を張った盥《たらい》に浮かべ、口でそれをつかまえる「リンゴ喰い（アップル・ボビング）」ゲーム（図1-9）、またリンゴの皮をなるべく長くむいて、後ろに放り投げ、皮の形に浮かび上がるイニシャルで、未来の伴侶を占うものまであった。前一世紀にローマ人がブリタニアに侵入した時、既にケルト系ブリトン人はリンゴを栽培していた。ケルトの習いに習合しつつローマ人は果樹の女神ポモナを祀ったという。

図1-9　「リンゴ喰い」ゲーム

　バーンズの詩には十八世紀後半のスコットランドの民間の実像が描かれていた。農民は「持たざる者」だが、自然生命の循環に添って健気《けなげ》に生きている。それはロマン主義の詠う「故郷」のテーマに貢献した。「故郷」は当時のヨーロッパ諸国の「パトリオティズム」そして「ナショナリズム」の目覚めにおいて必須のテーマだった。

つまり「ハロウィン」と「サウィン」は、ヨーロッパの社会史を映し出してきた芸術、文化であり、とくにケルト系の人々には、アイデンティティの表象であったことがわかる。自由の国アメリカにおけるアイリッシュ・アメリカンだけでも四〇〇〇万人から七〇〇〇万人がいる。その人々は祖国から大西洋を越えて「約束の国」をめざした。ケルトの修道士のエグザイル（積極的自己追放）の伝統であるとも今日いわれる、移民という、移動する人々の運命の行く手に灯った、オレンジ色のランタンとともに現代の「ハロウィン」が出発したのであった。

しかし話はここからである。

そこには人種や文化の違いを超えて、普遍的な死生観が記憶され今日に至っているのではないか。「サウィン」が、為政者の時間支配とは異なる、「自然」と共に生きる人々の実感から生まれた祭暦であったことをもう一度思い起こそう。厳しい真冬の嵐を超えて、次の朝、次の季節へと向かう、私たち人類の「知としてのサウィン」が見えてくるのではないか。


†「闇の半年」と「光の半年」——古代ガリアの暦

この考え方をまさに証拠づけてくれる古代ガリア（ケルト）の暦が今日伝わっている。二〇〇〇年前、ヨーロッパ大陸の現フランス、ガリアにいたケルトに遡る暦である。それは古代ガリア考古学の目玉である「コリニーの暦」である（図1-10）。

フランスの中東部の都リヨンは、ガロ＝ローマ時代の都ルークヌドゥムであった。その近傍から一八九七年に発見された「コリニーの暦」は、紀元二世紀、古代ローマの影響を受けながら青銅板に記された太陰太陽暦で、十二ヶ月（三十日で数える七ヶ月と、二十九日で数える五ヶ月の合計、三五五日）を示し、二年半に一度、閏月も設けられていた。そして一年を「闇の半年」と「光の半年」とに分けていたことが示されている。

図1-10「コリニーの暦」

これは自然のつつがないサイクルを願う、ガリアの人々の生業であった農耕牧畜のためのカレンダーであった。農耕牧畜の共同体は、実際の一年の営みを、大自然の生命力の「周期」に添って、収穫物を育てるための「光の半年」のゾーンと、それを備蓄し春まで越冬しなければならない厳しい「闇の半年」のゾーンの二季に分け、その明暗が反転する日を、「サモニオスSAMON［IOS］」という名で記していた。その「光の半年」の最終日にして「闇の半年」の始まる夜が、後の「サウィン」に当たる。季節のサイクルをみつめた人々の暦。その自然生命循環のスタートに「サウィン」がある。

明から暗、暗から明への転換の時節を知り、自然の周期に添って生きることが、彼らにとって最重要の「知」、エピステーメーであった。これが「サウィン」の始原であった。そこには厳冬がもたらす「死」が現れる。

†荒ぶる亡霊たちの「ワイルド・ハント」

「サウィン」は、一つの恐ろしい季節を乗り越える人間に贈与される試練と希望の季節の入り口にすぎない。その自然観察の認識を、ケルト・ゲルマン神話や北欧、西欧、中欧の民俗誌は力強く語ってきた。

「サウィン」は「ワイルド・ハント」の季節の始まりとも、みなされた。「ワイルド・ハント」とは、冬の入り口から吹きすさぶ北ヨーロッパの木枯らしに乗って、恐ろしい神々や、死んだ戦士や英雄によっておこなわれる「死のハンティング」であり、冬至を待たずにサウィンから始まると考えられた。

北欧神話では「死と戦いの神」ウォーディンが、地上の人間をさらっていく。猟犬や馬を引き連れ、嵐のなかを進んでくる軍団のような死霊の群れ、これを眼にした者は、疫病や争いから免れえず、連れていかれる。負傷した戦士を物色する戦乙女《いくさおとめ》のワルキューレもそのなかにいるはずだ。その光景は近代のワグナーのオペラに召還され、またその「ワルキューレの騎行」は二十世紀のヴェトナム戦争を描いたフランシス・コッポラ監督の『地獄の黙示録』(一九七九年)で上空から米軍のヘリコプターが低空飛行をし敵地を舐めるように威嚇して飛ぶ、冒頭シーンに霊感を与えている。

ワイルド・ハントの荒ぶる首領たちは、ブリテン諸島のケルト文化圏では「アーサー王」であり、ウェールズでは「冥府の王」であり、イングランドでは「狩人ハーン」であり、これらに遭遇した人間は、この世に戻ってくることはできないとされた。空を飛んでくる「死の狩人」も怖いが、ケルト文化圏のブルターニュのフォークロアでは、「死の車」をごろごろと牽いて人間をさらっていく骸骨が出没するという。その車輪の音は風が転がす丸石なのか、村人に大きな恐怖を呼び起こした。

イタリア・ルネサンスの画家マルカントニオ・ライモンディとアゴスティーノ・ヴェネティアーノが描いた版画「魔女の集会」(一五二〇年ごろ)は「ワイルド・ハント」の光景とも解釈されている(図1-11)。

夜に巨大な亡霊となって立ち上がる「死」。「人間は死ぬが、私たちの死とともに、その死も死ぬ」(ブラッドベリ)。この格言のような言葉は、逆に、人間の平穏は、己の死と引き換えにしないかぎり与えられないと告げている。「メメント・モリ」とは、単《たん》に「死を忘れるな」ではなく「死（者）は生（者）よりも強し」の意である。冬はそうした「強い死」の到来の時節だった。北方へ行けば行くほど、その荒ぶる死霊が巻き起こす嵐は、リアルに実感される。北方ヨーロッパの神話における「ワイルド・ハント」の死生観は、彼らの自然観を始原としていた。

図１-11「魔女の集会」

このワイルド・ハントの光景を、私たちはこの地上のどこかでみたことがあるだろう。そう、「ハロウィン」で跋扈する「死者たちの仮装」である。しかし、そのルーツは「死」や「死者たち」の「描写」ではなかったということなのだ。

私たちが現代の「ハロウィン」で装う骸骨や幽霊の仮装、そしてその始原である「サウィン」で子どもたちや青年たちがしてきた仮装の背後に眼には見えない「生きもの」がいた。それは個別の死者ではなく「生きとし生けるもの」の命をコントロールする、生命循環の環を握っている「荒ぶる大自然」そのものの本性（ネイチャー）であったのである。

ヨーロッパ各地で、「サウィン」の翌月の「冬至」「クリスマス」、それに続く殉教者「聖ステファヌス」の記念日には、一年で最も闇が底を突く季節、青年・少年たちが、恐ろしい仮装をして、練り歩く行事がある（図1-12）。

すなわち「サウィン」の後、太陽の力は日々弱まって、「冬至」（ユール、十二月二十一日／二十二日）、そして「クリスマス」（十二月二十五日）、「聖ステファヌスの祝日」（十二月二十六日）、「十二夜」（クリスマスから一月六日の公現祭まで）、さらにその後の三週間を耐えて、ようやく春の始まりの「インボルク」（第二章参照）を迎えるまでの厳冬期、北ヨーロッパを中心に各地で、無事にこの時季をしのぐための祭日が続く。その祭には「サウィン／ハロウィン」に輪をかけて、さらにワイルドな「精霊の姿」に仮装する行列が繰り出す。

図1-12　アイルランドの「大自然の荒ぶる神」の仮装

オーストリア、ドイツ、ポーランドでは十二月五日ごろからクリスマスにかけて、「クランプス」と呼ばれる「悪鬼」が現れる。その姿は「半人半山羊」の姿で、全身は獣毛で被われている。十代後半から四十歳ぐらいの男たちの隊列（クランプス・パス）が家々を廻る。人間に襲いかかり、行儀の悪い子どもをみつけるとお尻を叩き、親から取り上げることもある（わが国、秋田・男鹿半島の「ナマハゲ」のユーロ＝アジア性がここにもみえてくる）。

「クランプス」のルーツは、十八世紀のアウグスブルクの挿絵の記録や、ケルトゆかりの現スイスの首都ベルンにある彫像に表されている、元はもっと恐ろしい「子喰い（チャイルド・イーター）」という悪鬼であったかもしれない。ただしこれは「子どものしつけ」にも寄与した民俗の慣習であったことも考慮しておかねばならない。クランプスの姿のヴァリエーションとして「麦藁」を被るものもある。「枯れ枝」や「獣毛」に被われるとさらにその姿は超自然的なものとなった。現代でもクランプスの冬の祭は、オーストリアのバート・ガシュタイン、ドルフガシュタイン、ザルツブルク、ドイツのレーゲンスブルク、キルシュゼーオンなどをはじめとして続いており、村のステージで上演されることもある。

この真冬の恐ろしい仮装は、ブリテン諸島にも共有されてきた。獣毛や麦藁で、自然の精霊の格好をする。「サウィン」や「ハロウィン」はかつて人間であった死者の仮装だが、これらは、動物・植物の姿をすることが多く、まさに人間には計り知れない大自然の生命の叫びを表している。

ヨーロッパ・ケルトの「サウィン／ハロウィン」の死者や幽霊は、一夜でひっこむのではなく、十二月の「冬至」に向かってより激しく、荒ぶる自然の精霊となって、春の「インボルク」がくるまで、人間の里に降り、跋扈をやめないのである。「サウィン」は始まりにすぎなかったのだ。

かくて「サウィン」には、人々は嵐と闇を恐れているばかりではなく、自然をみつめ、「光の半年」から「闇の半年」へ転換する夜に、彷徨する霊を迎え、供養し、もてなした。そのようにして、苦悩する死者も荒ぶる自然も慰められ、それとの交換として、おそらく霊たちは、人間たちに、「闇の半年を生き抜く力」を授けてくれた。

太古の人々の祭暦は、「大自然の生命循環」の微妙な変化への直観と、生命保全の願いからできていた。「サウィン」は、ケルトの「四つの季節祭」の筆頭であり、闇の冬から、光の季節に向かうサイクルのスタートにある。「生の光」は、「死の闇」に向かって行くのではなく、その逆であること。「死からの再生」、「闇から光へ」の思想である（13頁の図参照）。

「生きとし生けるもの」は、永遠の生を与えられているわけではない。この暦は現実の厳冬の環境を生き抜く人々が生み出した「知恵」であった。そして知恵を産んだ親は自然の摂理への「畏敬」であったのである。

†アイルランドの「サウィン」神話

さて、古代ガリアの青銅板に刻まれたカレンダーの観念が、紀元前六〇〇年ごろから島に移動していたケルト系の人々のカレンダー、「四つの季節祭」の観念に繋がっていることを、ここで確認しよう。

アイルランドの神話・伝説では、「サウィン」にさまざまな出来事が起こる。神族の攻防や英雄の活躍などがダイナミックに繰り広げられる。

アイルランドに最初の民族がやってくる国造りの神話『アイルランド来寇の書』(十一世紀)では、サウィンが訪れる毎に、「袋族」とも呼ばれた恐しいフィル・ヴォルグ族が「小麦とミルクと子どもの三分の二」を取り立てにやってくる。この神話は、「サウィン」から、春のついたちに春光が戻る「インボルク」までは食糧が底を突き、冬を越えられないのではないかと恐れた人々が、しっかりと備蓄することを、物語によって何度も確認するものでもあっただろう。小麦や生きた家畜は、毎年「サウィン」に戻ってくる祖霊や死者へのごちそうのためばかりか、現実的に死を背負って戦いに行く戦士たちに供出せねばならない兵糧でもあった。神話のなかばかりではなく、実際、戦争は「サウィン」の日から始められたのである。

またアルスターの英雄クーフリンが活躍する『クアルンゲの牛捕り』（十一世紀）では、クーフリンは「サウィン」の日に戦いへと赴く。それは春のついたちの「インボルク」まで続けられる。

「クーフリンの病」ではウラドの人々のサウィンの祭が一週間続いた。

善き神でダーナ神族の父神であるダグダは、「サウィン」に、戦いと豊饒の女神でワタリガラスの姿をしたモリガンと結婚する。

そして神々の戦いや交流はもちろんのこと、「サウィン」では最大の出来事である、異界への扉が開いて、生者が異常な体験をする。

三世紀ごろのアイルランド（コルマク・マク・アルト王の治世）を背景に、騎士団の長で主人公のフィン・マク・クウィルが活躍する「フィン物語群」のなかの「フィンの少年時代」というエピソードは、「サウィン」の夜に、異界に通じている「妖精の塚＝墳墓」が開くと語っている。フィンが少年だった時、王宮のあるタラへ行くと、地下世界に住むダーナ神族（トゥアハ・デ・ダナーン）の一味が、王宮の人々を音楽で眠らせ、その炎の息でタラを火に包んでは攻撃していた。フィンはこれを倒し、フィアナ騎士団の長になる資格を勝ち取った。ダーナ神族はアイルランドの神として地上にいたが、後から来た一族に負けてシード（地下の異界）に住んでおり、しばしば妖精とも呼ばれ、母神のダヌ、大鍋を守るダグダ（第二章参照）、ルー（第四章参照）など、アイルランド神話の主要な存在がいる。英雄となったフィンの功績も、畢竟《ひっきょう》、異界の神々と戦って得られたもので、これがサウィンの夜に授けられたことを見逃してはならない。

「サウィン」には、過去・現在・未来が混じり合い、時間が通常の流れを逸して捻れ、激しく渦巻く。まるで『ダロウの書』や『ケルズの書』の装飾の奔流のようである。蘇った死者たちは、この夜ばかりは過去に留まっているのではなく、生者たちのところに訪れ、未来への予言さえおこなう。

次の神話には、「サウィン」に起こる超自然の出来事の経験を通して、「死者」と「予言」がどのように語られているのかが、読み取れると思われる。

「ネラの異界行」（アルスター英雄神話の白眉『クアルンゲの牛捕り』の前話の一つで十―十一世紀に成立）では、ネラがサウィンの夜、肝試しの帰り道に、城が炎上して人々が虐殺されているところに遭遇し、その敵勢の後をつけて地下の異界であるシードへ潜入する。と、そこにいた妖精は、ネラが目撃した凄惨な出来事は、実は一年後のサウィンに起こることなのだと「予言」する。それとわかったネラは城の人々に警告し、翌年のサウィンには異界の妖精の攻撃に先手を打つことができ城は守られたのだった。

この物語は、ネラが城の人々を偶然にも救った幸運な話として解釈されるだろうが、そうではない。サウィンには現世と異界の空間が混ざりあうだけではなく、時間も交錯する。ネラは「今」が「未来」（＝未来」が「今」）である出来事を目撃した。それを教えたのが地下世界のスピリット（妖精）つまり「過去」に生きていたが今は死んでいて墳墓＝土塚にいる「死者」であったということに、最大の威力と魅力がある神話なのだ。現代人は「死者」を過去に属すと信じ、過去の死者による「未来へのはたらきかけ」を忘却していないだろうか、と語り手は呼びかけている。

ケルト・アイルランドの神話は、「サウィン／ハロウィン」を、単なる冬の始まりのお祭と思い込んでいる私たちに、近現代の哲学者も科学者も思いつけないような「どんでん返しの時空論」で、サウィンの真実を伝えているのである。「死」がこのように活発である限り、運命の予知をおこなうのは、眼に見えぬスピリットであるということを。

†「死と生」反転の意味

「死」の観念に関して、そもそもキリスト教ヨーロッパの人々は、最後の審判で天国に行けるのか、地獄に堕とされるのかという恐怖を抱えてきた。それを回避するために免罪符を買えなかった人々のみならず、いかに富める人間であろうと避けられない伝統的な不安があった。しかし十六世紀に走り出すプロテスタントの現実主義的な生き方は、社会を

「徳」ではなく、「得」として欲望するようになり、死を被い隠そうとした。「サウィン」の始原の風土であるブリテン諸島のケルト文化圏は、大英帝国という巨大なアングロ＝サクソンの覇権の下に組み込まれていった。先にみたサウィンの時季に現れる亡霊を主人公にしたウォルター・スコットたちのゴシック小説のブームは、スコットランドがイギリスに併合された十八世紀初頭、そしてアイルランドが併合される十九世紀初頭の状況と軌を一にしている。

しかしたとえ制度上、弱い立場にあっても、それゆえに「死への意識」を豊かにもち、想像力があれば、「死者の立場」に立って、思いを巡らせることができる文化がある。

スコットやアーヴィングよりも百年も早く、究極の空想小説の中で、その意識を示した作家がアイルランドにいた。『ガリヴァー旅行記』（一七二六年、完全版一七三五年）の作者ジョナサン・スウィフトである。スウィフトは、アングロ＝アイリッシュの出自で、イングランドのプロテスタンティズムの政治的権威と、アイルランドのカトリック信仰社会との間で立ち回り、諷刺文学から、真剣な訴状テキストまで、常に世の中の支配の中枢へ向けて毒気ある諷刺を噴射し続けた。優雅な鬘《かつら》を被りながら、世界から黄金を集めてくる十八世紀の絶対王政の重「金」主義への、痛烈な批判が込められていた（図1-13）。スウィフトはアイルランドという国の被支配の悲惨を骨身に沁みて知っていた。恐ろしいことに子どもを殺す惨状にイギリスが手を差し伸べないことへの苛立ちを、庶民に身をやつした『仕立屋の訴状』や説教として発表したほどだった。「〔アイルランドの〕窮状の原因は、実はわれわれよりも強力な隣人が神の恩寵によって改心し……同じ人類であるわれわれに、当然の権利と特典とを認める気持になってくれない限り、改善は望みえないと思われる」(『アイルランド窮状の諸原因』一七二〇年以降)。

アイルランドは、十二世紀からアングロ＝サクソン、イギリスの植民地として苦しみを受け入れてきた。生からも死からも逃れられない宙吊りの歴史は長かった。物語のなかのガリヴァーは「不死人間」に遭遇して驚き、「死にきれない生者」つまり「生きながら死んでいる生者」の苦しみの究極を深く知り、祖国の人々の運命を思った可能性もある。「生きる苦しみ」が「死ねない苦しみ」から照らし出される。

図1-13　ホルバイン「死の舞踏」版画

しかしアイルランド的想像力は、停滞しなかった。これを創造的な「サウィン」の夜に現れる、霊魂のダイナミズムという緑色の風として発生させたのである。「死から生への回帰」に関するアイルランドの文学的想像力の伝統と継承については、ゲール語・アイルランド文学研究者による探究の果実がある。松岡利次氏の『アイルランドの文学精神』（二〇〇七年、以下に引用）は中世のテキストから、スウィフトやジョイス、ベケットといった近現代世界文学にまで貫かれた思念の系脈を追っている。すなわち「アイルランドの文学に現れた時間意識においては、死は終わりではなく、過去となった死者が過去から現在へ、つまり死の世界から生の世界へ回帰できる」と考えられ、その「回遊性」が一貫して語られてきたと指摘している。その言を借りれば、私たちがここでテーマとしているハロウィンの起源としての「サウィン」は、ネラに警告した妖精のように、「過去になされた予言を死者が生者に、つまり過去の存在者が現在の存在者に開示しにくる」機会なのである。

「サウィン／ハロウィン」の夜には、死を負った者が、躍動し、現在にいる私たちに未来までを予言する。これはケルト的想像力の核心の部分であるように思える。

「サウィン／ハロウィン」が、なぜ現代人に広く受け入れられる祭となっているのかの答えがここにあるのではないか。たとえ人々が、ケルト・アイルランド的な背景を知らずとも、誰もが、その死者の移動力、躍動力、ダイナミズムを、祭の夜に強力に実感できるからではないか。ただしこの想像力の背景に、スウィフトが射た通り、死への想念を生み出した人々が味わった被支配の荒野があることを忘れてはならない。しかし荒野を嘗め尽くす風は、生者に何らかの救いの運命を「もたらす」ことがある。警告しつつ贈与する存在として彼らはやってくる。とすれば「サウィン／ハロウィン」の夜に「もてなし」を受けるのは、私たち生者の方ではないだろうか。死者の仮装の子どもたちは、だから繰り返し呼びかけてくるのだ。「トリック・オア・トリート！」。それは、反語なのであった。

この声によって、引っ張り出され、自覚を験《ため》されるのは、私たち生者の方であるに違いない。通夜《ウェイク》の夜に、一度は死んでもまた生き返る、『フィネガンズ・ウェイク』の男に見返されているのは、通夜に集まった、私たちの方なのである。生死の狭間で目覚め《ウェイク》なければならないのは、この世の方なのだ。「生死反転の経験」が「サウィン／ハロウィン」の本質なのではないだろうか。サウィンの相互の「もてなし」は無償である。応える受け手もお返しの贈与をおこない、循環していくことだろう。死は死で終わらない。繰り返し問いかけてくる。そこにケルトの思想の核心、「死と生の循環」がみえてくる。

✝カオスから秩序へ

以上において私たちはアイルランドに伝えられたケルト神話の「サウィン」の死生観をみてきた。ヨーロッパ大陸の古代ガリアでは、二〇〇〇年以上前に豊かな話し言葉がありながら、ローマのカエサルによる征服でほとんど消え去り、地名や碑文以外は伝わっていない。異教時代以来のケルトの神話や伝説を文字で伝えたのは、アイルランド語やラテン語で記録し、創作もした中世の修道士たちであった。識者であり、活き活きとした彼らの創造も盛り込まれた。

古代のケルトの暦と、アイルランドをはじめ島のケルト文化圏の民俗誌が共有している、陰陽の時間と空間の合流は、そこから何かを生み出すカオスを孕んでいる。

「サウィン」が、新生の「正月」へ向かう前夜であることを思い出そう。現在の世界にカタストロフを起こさせ、再生させる。それを経ることによって、「新しい秩序」をもたらす。ヒンドゥー教のシヴァ神のダンスのように、「創造は破壊の後にやってくる」。ダーナ神族の父神ダグダの棍棒は、一方の端で「殺し」、もう一方の端で「再生」させる。秩序は混乱や混沌を経て生まれてくるという思惟の原型を、暦のうえで認識し、祈り、かつ神話伝説の文学で伝えたのであった。

地下の異界に住む神々「ダーナ神族」は、サウィンの日に、死者たちを異界へと連れていく。と同時に、ダーナ神族たち自らが、サウィンに壮絶な戦いに臨み、ルー太陽神によって勝利がもたらされ、新しい秩序と希望の日を迎える。

ルー神は、ケルトの暦の秋の収穫祭「ルーナサ」に名を与えている神でもある。しかしルーの戦いは「ワイルド・ハント」に襲われるような、熾烈をきわめ、簡単に夜明けはやってこない物語である。

祖父は、海の民族フィル・ヴォルグ族の勇士「片眼のバロル」で、母はその一人娘だったが、バロルは彼女が産む息子（未来のルー）に殺されるという予言を聞き、娘をアイルランド北西沖のトーリー島の塔に閉じ込めた。が、彼女は身を守られ、無事ルーを産んだ。長じてルーはダーナ神族の味方となりフィル・ヴォルグ族と最後の戦い（第二のモイトラの戦い）に挑みバロルを倒す。戦は壮絶で、ルーは狂ったように戦い、片眼は頭部に陥没した。が、それを逆手に取り、片眼を頭部の後ろに貫き、見開いたもう一方の眼で石を飛ばし、祖父のバロルを絶命させる（図1-14）。

図1-14　グレイ「バロルの邪眼に立ち向うルー神」

この神話は「旧い時間（王）」が「新しい時間（王）」によって殺され、新しい年がやってくると信じられた「サウィン」の再生思想に響きあっていると解釈できる。頭部に陥没したルーの片眼は、「サウィン」の夜に一旦世界が闇となることを暗示し、しかしその頭の暗部を貫いて外に飛び出した眼は、新年の明けの太陽のメタファーとなっているのではないか。もとより「ルー」とは「輝くもの」という意味で太陽や光に結び付けられている。ルーの「光」はバロルの「闇」とコントラストを成す。バロルの出自であるフィル・ヴォルグ族は獰猛で醜い海の鬼神で、「一つ眼」の強調は、地下的《クトニック》な両生類を暗示する。それに対してルーは輝く長槍を携えていた。ルーは「長腕をもつ」という形容で呼ばれ、「諸芸に秀でる者」であった。

戦いの混乱が終わると新しい秩序がもたらされるという神話思考を胸に、人々は「サウィン」の夜を過ぎ越した。明けて十一月一日は「新年」。時が極まると、新しい時に生まれ変わる。わが国では「大晦日（大つごもり）」で一年の時間が極まり、一夜明けると「明けましておめでとう」と旧から新へと展開し、「正月」が訪れる。「時の再生」の観念は、東西を超えて響きあっているのだろう。

†闇から誕生する光

古代ローマ人のカエサルやプリニウスが書いたケルトの社会には「ドルイド」という神官、シャーマン、詩人、医者、裁定者がいた。その教えには、「生きとし生けるもの」の生命循環の思想があった。リインカーネーション、生まれ変わることの思想である。「サウィン」は「万霊節」である。それは想像の物語ではなく、「死」の実感から出発した。しかし民衆は、ただ死を恐れ、無力であったのではなかった。死を畏敬すると同時に、自然の生命の「周期」の経巡りに寄り添うことで救済された。「サウィン」は、冬の闇を恐がる夜なのではなく、人間が大自然の変化に添い、それにいだかれて暦にしるした「知」にして「科学」であったのである。

だから太陽神ルーには、「最期」がないのだろう。

アイルランドに次に侵入してきたミールの息子たちに敗れ、生死の棍棒をもつ父神ダグダによって、妖精塚の異界に閉じ込められた。しかしそれは、おそらく「太陽」が宵に一旦沈むことを象徴し、翌朝再び、地下世界から昇ってきて、世界を照らすという循環を暗示しているのかもしれない。

その通り、太陽神ルーはアルスター神話の英雄クーフリンの父として輝きのなかに現れる。息子が傷つくと、戦場に現れ、クーフリンを癒すのだ。

大自然からケルトの人々が学んだ「生命循環」の摂理は、一年の周期で「四つの季節祭」を描くことになる。その渦巻の始まり。それが「サウィン」であり「ハロウィン」の夜のダイナミズムである。ルー神を畏敬した人々が信じたように、光は闇から再生し、太陽は地下の闇から再び昇ってくるのである（図1-15）。

図1-15「太陽の輪」のケルト十字架

第 二 章

「インボルク」春の祭日

――聖ブリギッドの「緑の牧場」と「赤い火」

聖ブリギッドの十字架

†春の最初の日「インボルク」

雪の下からスノードロップが緑の葉と共に咲き出し、水仙の群生が、そこここで光のような黄色を輝かせ始める。牧場では子羊が誕生している。「サウィン／ハロウィン」から人々は一年を出発させ、厳しい冬を乗り越え、この日を迎える感慨はひとしおである。風はまだ冷たくても、春は牧場にやってくる（図2‐1）。

アイルランドでは、「春の始まり」の二月一日に「インボルク」という春の到来を寿《ことほ》ぐ祭日がある。中世キリスト教時代の八―九世紀に書かれた『オイングスの聖人暦』にもインボルクについての記述があって、「サウィン／ハロウィン」と同様にケルトの古層の伝統を引き継いだ祭暦として、現在に至ると考えられている。

図2－1　「インボルク」を祝うアイコン：聖ブリギッドの十字架、春の牧場、キャンドル、乳搾りの始めの日

「インボルク」は一年の農耕牧畜の始めの日だ。今日ではキリスト教の聖女「ブリギッド」の祝日ともなっている。「ブリギッド」は聖女としてアイルランドの人々に篤く信仰されてきた。しかしこの聖女は、ケルトの女神ブリギッド（ブリード）を前身としている。羊や牛の家

畜を育み、火を守り、民の日常を聖なるものとし、癒しの泉に佇む地母神のような面影を今日も残している。

中世アイルランド語で「ブリギッド」、現代アイルランド語では「ブリード」、英語では「ブリジット」と呼ばれ、現代でも女の子の名前として、とても人気がある。ブリギッドが聖女であり、女神であったことを子どもたちも知っている（図2-2）。

聖ブリギッドの十字架

一月三十一日、「インボルク」すなわち「聖ブリギッドの祝日」の前日に、農村部では、まだ寒い野辺に出て、深い緑色で凛と立つ「灯心草（ラッシュ）」（アイルランド語では「シェージャ」）を刈りに行く。湿地に自生するイグサの一種で、キャンドルの芯に用いたので「灯心草」と訳される。その灯心草はインボルクの前日に当主や息子の手で刈るのが慣わしで、時間や場所を家族にも知らせてはならないが、家族総出でおこな

図2-2　「聖書」と「火」をもつ聖ブリギッド

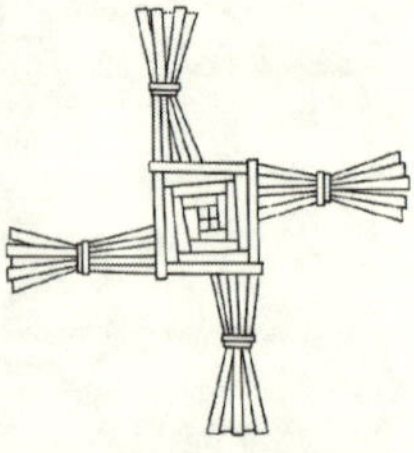

図2-3　「聖ブリギッドの十字架」

うのが、インボルク祭の徴《しるし》である「聖ブリギッドの十字架」作りである（図2-3）。

灯心草の束を中心部で十字に交差させ、卍文様のような「回転体」にする。「太陽の運行」を象徴して「右回り」に編まれるのが一般的で、春の光の放射状の旋回を暗示する。その回転はケルトの暦に添えば、「サウィン／万霊節」（第一章参照）でみたように、「死―再生・誕生―生」の循環を示しているともいわれる。この型を基本にヴァリエーションがおよそ二十以上あり、「四つの腕の十字架（スワスティカ型）」「三つ巴型」「菱形の組合せ型」「編み込み型」「聖ブリギッドの弓型」「聖ブリギッドの抜き身の十字型」「聖ブリギッドの束型」に大別できる（図2-4上）。それらは日本の緑の松の正月飾りと、立春に飾る柊《ひいらぎ》の両方を思わせて懐かしい。「サウィン／ハロウィン」にも、人々は麦藁などで作る「邪を祓《はら》うハロウィンの十字架」を掲げてきた（アイルランドの西部、大西洋岸のメイヨー州の港、ウェストポートから内陸に入った村にある、国立農村民俗博物館には、ケルトの「四つの季節祭」に関する展示があり、「サウィン／ハロウィン」「インボルク」「ベルティネ」「ルーナサ」に関する収蔵品と記録からも確認できる）。「サウィン／ハロウィン」の十字架は冬の季節の厳格さを表しているのに対して、インボルクの十字架は、春光が透けてみえるような優しさがあり、そのコントラストに役割の違いが表れている（図2-4下）。

いずれにしてもこうして作られた「聖ブリギッドの十字架」は、サウィンからの「冬の闇」が残した「魔」を祓い浄める、インボルクになくてはならない徴となってきた。

筆者もキルデアの農家で「聖ブリギッドの十字架」作りをした思い出がある。前日の宵までにキッチンや納屋の古い十字架と交換し、自然と人間との営みがスタートする。二月一日の朝にお参りした「聖ブリギッドの泉」にも、十字架が石に刻まれていて、朝日を受けていた（龍村仁監督のドキュメンタリー映画『地球交響曲第一番』一九九二年、「インボルク」のシーン）。

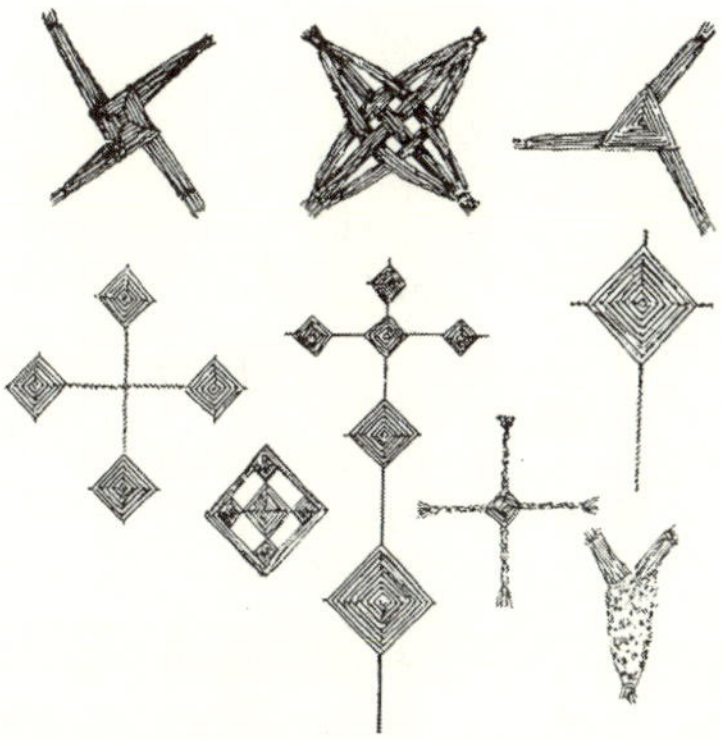

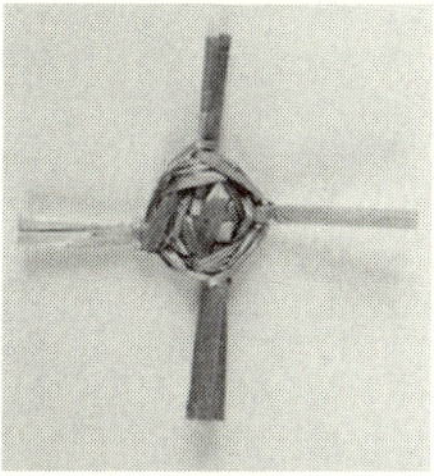

図2-4上「聖ブリギッドの十字架」のヴァリエーション、下「サウィン／ハロウィン」の十字架

十九世紀末からの「ケルト復興」以来、この十字架は、アイルランドの聖なるシンボルにして、フォークアートとしても広まってきた。詩人W・B・イェイツの墓がある北西部のベンバルベンの丘の麓のドラムクリフ修道院跡にも、新しいディィスプレイがみられ、アラン島では灯心草や柳枝で「聖ブリギッドの十字架」を制作するアーティストもいる。

今日ではとくに女性が身に着ける銀のジュエリーにもこのデザインが盛んで、ハートの「クラダー・リング」と互角なほど人気があり、大西洋を挟んで一層の広まりをみせている。故ケネディ大統領たちアイルランド系アメリカ人にとって春の始まりは、「三月十七日の聖パトリック祭」が最大であるが、それに先駆けて「二月一日のインボルク」の日、「聖ブリギッドの十字架」に祈る。それは聖パトリックの三つ葉のクローバー（シャムロック）によって「祖国」に思いを馳せるのと同じ、春迎えの歓びとなっている。

†「ひよっこ」たちの予祝

さて「インボルク」祭には、地方によって若者が参加する儀礼があった。今は少なくなったが、西部のゴールウェイやアラン島、北部のアルスター地方では「ビッディー・ボーイズ（騒がしいひよっこ）」と呼ばれる男子集団が、野辺で刈った灯心草を携えて、ブリギッドの名を唱えながら家々を廻った。「ブリギッド様を迎え入れよ！」と唱えると、家の人が「ようこそ！　お入りなさい！」と応えた。

驚かされるのはこの「ひよっこ」たちの仮装だ。それは頭から藁を被り腰蓑を着けた異形で、ハロウィン（サウィン）のお化けのコスプレも顔負けの荒ぶる姿である。この伝統的ないでたちは、キリスト教会側からみると野蛮で異教的な様相である。しかしこの日は民間の無礼講で、麦藁は「穀物」と「牧草」の成長を願う予祝の装束であることはいうまでもない（図2-5）。

図2-5　「ひよっこ隊」ファーマナ州

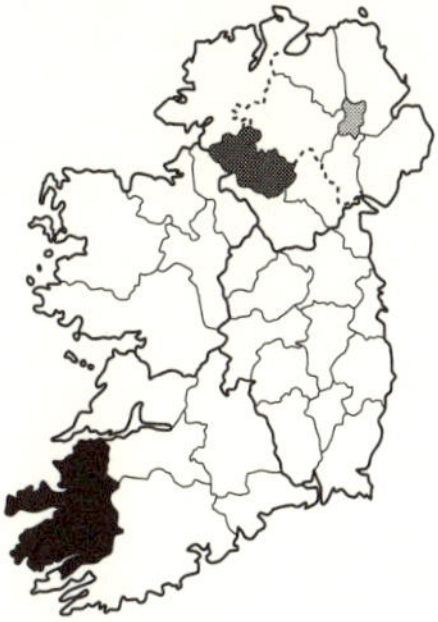
図2-6　ファーマナ州（上）とケリー州（下）

写真はアイルランド北部ファーマナ州のもの。当地の歴史は古く、紀元一五〇年ごろのプトレマイオスの地図でも記録されたケルトの「メナピー族」がいた地で、前二一六年ごろ湖畔に定住した「フ

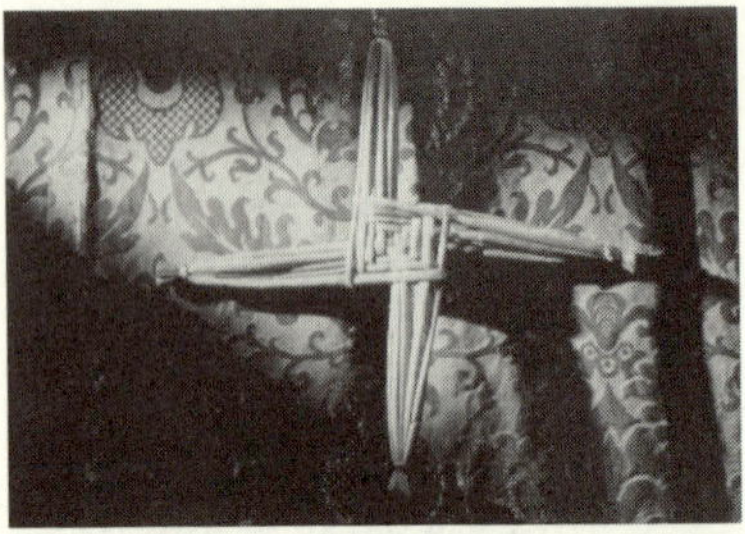

図2-7　キルデアの教会の「聖ブリギッドの十字架」（撮影・筆者）

ィル・マナハ」という名が「ファーマナ」の語源となった。七世紀、アルスター王を輩出、以来スコットランドやマン島にも広がった（図2-6）。

一方、南部のケリー州のキローグリンでも、キリスト教の聖ブリギッド祭と、異教の「インボルク」を融合させた祭が今日も盛んである。「聖ブリギッドの十字架」を胸に着け各戸を訪問して藁の人形で、人間や家畜を浄めて幸と栄えをもたらす。麦藁などで頭部を飾るいでたちは、日本の花笠を思わせ、類似性に驚かされる。

こうして二月が近づくと、今日、「インボルク、おめでとう!」と書いたカードを家族や友人と交わす習慣は、むしろ以前より盛り上がりをみせている。キルデアの人々は「聖ブリギッドの泉」にも詣で、教会のミサで祈る。堂内には巨大な「聖ブリギッドの十字架」が参列者を見守るように飾られている。冬を越し、茶色となった十字架が、瑞々《みずみず》しい緑のそれに取り替えられるとき、この十字架の形から春が来たことを実感するのだ（図2-7）。

ではこのように崇敬を集めるブリギッドは、どのようにして「春の始まり」に結び付く存在となったのであろうか。そこには「サウィン」と「ハロウィン」の関係と同じく、「異教とキリスト教」の境界と連続性が浮かび上がってくる。

†ゲール人の聖母——聖ブリギッドの歴史と伝説

今日、聖ブリギッドは、「ゲール人の聖母」として崇敬を集めている。アイルランドでは聖母マリアに匹敵する不動の聖女である。「ゲール」とはアイルランドで話されてきたケルト語およびその伝統文化を指している。キルデア出身の僧であったコギトススの『聖ブリギッド伝』（六五〇年ごろ）や、カトリック教会による言い伝えによれば、ブリギッドはレンスター地方のダンダーク近傍で古代の族長の家系に生まれ（四五一年ごろ）、五二五年の二月一日キルデアで亡くなった。聖パトリックと同時代のケルト・キリストの草創期に活躍し、西ヨーロッパで最古級の女子修道院を創設した尼僧として讃えられてきた（図2-8）。

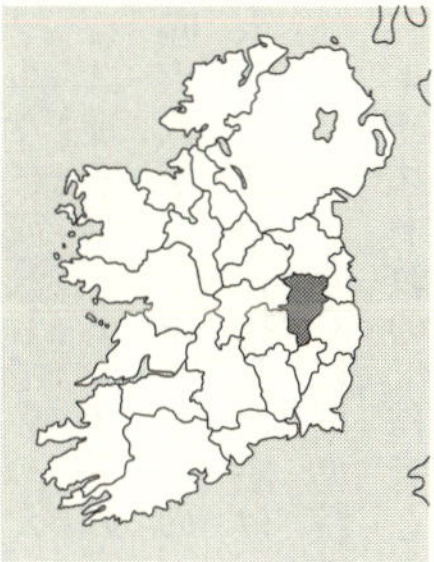

図2-8　キルデア州

しかし彼女は伝説に満ちた女神の側面も充分に孕んでいる。母ブロッカは身ごもったとき、地主でもあったドルイドの元へ送られ、ブリギッドはそこで誕生し、「赤耳の白牛」から乳を与えられ、貧しい人々への食べ物を用意し癒す少女に成長していった。やがて父の家へ戻るが、私財も人々に分け与えるほどで、父親には疎《うと》まれ、ドルイドの家と実家を行き来した。最後には結婚を選ばず修道の道に入り、四六八年ごろキルデアの「ドゥリン・クリア（樫の木の編み垣）」と呼ばれた場所の、樫の木の下に小礼拝堂を設け、男子と女子の修道院を創設した。キルデアの司教コンレとともに献身し、とくに尼僧院はアイルランド随一の女子修道院と讃えられるに至る。

キリスト教の伝道者としてのブリギッドは全国を行脚した。北西部のコナハトなどに滞在、司教座が置かれたアーマーにも「聖ブリギッドのテンプル」と呼ばれた小さな聖堂にその名を記憶させるなど、聖女自身が献堂した教会も数多く伝えられ、アイルランドではこの聖女は「遍在している」ほどの人気がある。ブリギッドの世が過ぎて十二世紀の改革の嵐を迎えると、イングランドの勢力下に入るが、十五世紀初頭の『麗書（リャウル・ブリャク）』でも「ゲールのマリア」と称賛され、キルデアの時代から一〇〇〇年を経ても、その崇敬は衰えなかった。

聖ブリギッドは、ヨーロッパ大陸のカトリック世界でも崇敬を集めてきた。

聖遺物の「手」は一五八七年以来リスボンのルミアルや、ケルンの聖マルチヌス教会にも伝えられてきた。イベリア半島は「古代ケルトイベリア文化」が栄え、アイルランドの神話でもイベリア半島は関係深く描かれている。コギトススの『聖ブリギッド伝』のオリジナルの写本は、ドイツのバイエルン州アイヒシュテットのドミニコ会僧院に蔵されている。そこは八世紀にブリテン島から来た聖ウィルバルドが伝道したゆかりの地であった。

当のアイルランドではその聖遺物は、聖女亡き後の八七八年ごろ、キルデアの修道院がヴァイキングの侵攻を受けたとき、アイルランド北部のダウンパトリックの地へ移され、後世、聖パトリックと聖コルンバの聖遺物とともにダウンパトリックの大聖堂に保管された。ブリギッドはアイルランドの三大聖人のひとりとしてカトリック信仰の軸をなし、「全能の女性」、「万物の創造者」と形容されることもある。これはほとんど神の御業《みわざ》への称賛に等しいほどだ。

たしかに聖ブリギッドは他を圧倒している。ベツレヘムでイエスが誕生するとき、西の端の遠いケルトの地から、天使に運ばれ、神の子の「助産婦」の役割を果たしたという。神の子の降誕に立ち会うという輝かしい役目は、パトリックやコルンバでも不可能であった。その伝承の有様を十九世紀末から二十世紀初頭の「ケルト復興」で活躍したスコットランドの画家ジョン・ダンカン（一八六六―一九四五年）が絵画化した（一九一三年、スコットランド・ナショナル・ギャラリー蔵）。キリスト伝が豪華に刺繍されている金襴をまとったふたりの天使と金髪の乙女ブリギッド。まるでドクターヘリに乗った白衣のナースのように、ケルトの海を渡り、中東の聖地に飛んでいく（図2-9）。ダンカンはアイオナの

図2-9　ダンカン「天使に運ばれベツレヘムへ行く聖ブリギッド」

聖コルンバの奇跡についても描いている画家で、聖ブリギッドへの崇敬の伝統の篤さをここに見事に視覚化した。

その崇敬は、ケルト文化圏各地の「地名」にも刻み込まれた。アイルランドには土地の神話、歴史、ゆかりの神々や聖人伝を物語る九―十二世紀の『ディンヘンハス（地誌）』がある。「キルブリーディズ（ブリギッドの教会）」という地名が現在の全三十二州の内十九州に四十三もあり、主なものだけでもアントリム（二）、南部のキルケニー（三）、西部のメイヨー（五）、東部のミーズ（四）、中部のオファーリー（四）、東南部のウェクスフォード（四）、ダブリンの南のウィックロー（八）等々の州にみられる（カッコ内はその数）。その名は「ブリギッドの丘＝ノックブリード」や、「ノックブリッジ」「キルブリーディア」「ブリーディズウェル」「ブリーディズタウン」「テンプルブリーディ」「ブリーディズチャーチ」などにみられる。地名とは土地の記憶であり、社会の安寧への願いが込められてきた。

またアイルランド各地には、「聖ブリギッドの泉」がある。治癒する水の在《あ》り処《か》である異教の「井戸」や「泉」への信仰はキリスト教と習合した。本拠地のキルデアや、西部のクレア州の洞窟の泉が有名で、「インボルク」や、収穫祭の「ルーナサ／ラマス」（第四章参照）の祝日にも人々は泉に詣でる（図2-10）。

さて以上において私たちはアイルランドの聖ブリギッドへの信仰の篤さを確認した。ここから、異教時代のブリギッドについて明らかにしていこう。

†ケルトの異教と聖人たち

キリスト教の「聖女」ブリギッドは六世紀の人である。それは初期中世のアイルランド、スコットランド、ノーサンブリアにケルト系修道院の布教と学芸が栄えた黄金時代（六―九世紀）の始まりの時であった。この黄金期、ケルト系修道院は、北西の島に孤立していたのではなく、大陸への伝道を最も盛んとし、行き来が頻繁であった。かつてケルト人がいたガリア（現フランス、スイス、ベルギー）には、フランク族メロヴィング朝が興っていた。修道士たちは「エグザイル」活動を展開した。「エグザイル」とは「追放」や「亡命」と普通和訳されるが、ことケルトの修道士たちの精神として「積極的自己追放」と訳されるべき、勇気あるミッションの行為だった。

聖パトリック、聖コルンバ、聖ブリギッドの三大聖人の伝記が書か

図2-10 「聖ブリギッドの泉」の標識

れ、コギトススによる『聖ブリギッド伝』（六五〇年ごろ）、アイオナの聖コルンバ（コルム・キレ：五二一―五九七年）に関してはアダムナン（七〇四年歿）が記し、『聖パトリック伝』（八〇七年に成立した『アーマーの書』に収まる）が伝わっている。注目されるのは、三大聖人は、「異教とキリスト教」の両方の「境界」にいたということである。

聖コルンバは「樫の野」であった北アイルランドのデリーに修道院を創設し（五四三年）、スコットランドのアイオナの修道院を開くが（五六三年）、彼は「上王」を輩出したアイルランド北西部の氏族イ・ニール一族の家系で、アイオナに渡ってからはスコットランドの異教のピクト人の王とも会見（アダムナンも尊者ベーダも記している）、またネス湖の怪獣を駆逐するなど、土着の風土を深く身に沁みさせながら伝道した。

また聖パトリックは文字通り異教のブリトン人の出自で、若き日にアイルランドへ連れて行かれ、発起してキリスト教に学び、再びアイルランドの地を踏むが、彼の伝道は、「ドルイド」の自然信仰と真っ向から向かい合った。『聖パトリック伝』は、「知者で魔術に長《た》けたドルイドたち」が、海の彼方から「ローマ式の剃髪と祭服と司教の権威の杖」と「異邦人の慣習と前代未聞の教え」を携えて彼がやってくることを、「タラの丘」で予言していたと伝えている。パトリックはドルイドの焚く「サウィン」の焚き火を目撃しているのである。

聖ブリギッドは「異教」の慣習からの柔らかな移行をはかった。むしろ「異教」的精神風土と「キリスト教」の媒介者として、なによりも民の日々の糧を約束する聖人であった。

初期中世のアイルランドは、当のキリスト教信仰を説く学僧が、英雄伝説や異教の自然観をゲール語やラテン語で文字化していった時期であった。海に囲まれた島国から果敢に外へとアドヴェンチャラスな航海をおこなったケルト修道士の生き方は、聖ブリギッドと同時代に生きたクロンファートの聖ブレンダン（四八四―五七七年ごろ）の「航海」の物語（九世紀ごろ成立、十二世紀にヨーロッパ諸国へ広まる）に伝えられている。

聖ブレンダンは、神の「約束の地」を目指し、大西洋へ漕ぎ出していった。大海原、「水界」は「異界」であり、異形の生きものと遭遇し、命を落としそうになりながら、目的を遂げる。アイルランド文学で「航海譚」のジャンルを構成する『ブランの航海』や『マルドウィーンの航海』でも、怪物や妖精が出没する。航海譚のイマジネーションは、異界を死者や怪物の闇の領域と描くのではなく、この世に安住しているわれわれ生者の世界の浅薄さを逆照射し、活き活きとした「異形のものたち」を跳梁させる。

記したのはキリスト教の信と知の中心にいた修道士たちだった。自らの筆で異教時代の物語を文字にした。巨大な怪魚ヤコニウスの体に上陸し祭壇を設営するブレンダンの冒険心と強靭な意志が、怪魚という「名付け得ない存在」の上に直に立つ。それは生者の世界

図2-11 『ブレンダンの航海』怪魚ヤコニウスとの遭遇

と、死者や霊がいるあちら側の世界が、対立しているのではなく、接触し、一枚の皮膜で繋がっていることを告げてくる。ケルトの「サウィン」の想念や祈りと同様に、異質なもの同士が、抵抗しあうのではなく、交通する回路をも見つめているヴィジョンなのだ（図2-11）。

『ブレンダンの航海』はフィクションではなかった。ケルトの修道士が実際におこなったエグザイルの行為は数々あり、北アイルランドのバンガーから十二人の弟子たちと船出してガリアに伝道した聖コルンバヌス（五四三―六一五年）は、フランスのルクスィユ、スイスのザンクト・ガレン、北イタリアのボッビオなどの修道院を創設した。そのパッションと独自性は、大陸にも聞こえ、ドイツに布教するボニファティウス、シャルルマーニュの宮廷で学芸や写本を主導するアルクイヌスなど、ケルト系の修道院・教会やそれに関係した伝道者や、教育者を輩出する。最西端の「島嶼地方」のアイルランドが「聖人と学者の島」と呼ばれる。聖ブリギッドが活躍した草創期からローマ・カトリックの普遍世界へ最初の貢献をしたことが、ヨーロッパ修道院史の最初に記されることになるのはそれゆえである。

いいかえればそうしたケルト・キリスト教の修道士のミッションは、キリスト教「以前」の信仰と新しい宗教との境目に自身を置くことで、その両方のいわば「生命表象」というべきものを洞察する力を備えていた。聖ブリギッドはその意味で異教時代以来の重要な「植物相（フローラ）」と関係している。ブリギッドが修道院を建てた「キルデア」は、ゲール語で「樫の木の教会」の意味であり、「樫（オーク）の木」（常緑性のライヴ・オークは樫、落葉性は楢《なら》）は、古代ケルトに崇められてきた聖樹だった。「キルデア」から「ダロウ」、北アイルランドの「デリー」（後のロンドンデリー）もその語源を含んでいる（図2-12）。

図2-12　ドルイドと樫の木

ブリギッドが修道院を建てた場所も「ドゥリン・クリア（樫の木の編み垣）」といわれ、特別に「囲われた聖所」を推測させる。「編み垣で囲われた場所」は実際にアイルランドや北欧ヴァイキングの考古学でも発見されている、囲われた居住地（ダブリンもそうであった）を指すと同時に、古代のドルイドが儀礼をおこなった聖所であったともいわれる。中世アイルランドには「編み垣に頼る」という言い回しや概念があって、異教のドルイドが木の枝を編んで、そこに犠牲の雄牛の生皮を広げたことから、何かを知るためにできるだけのことをするという意味（松岡『マッコングリニの夢想』その四」）があったという。

アイルランドには他の地にも「樫の木の編み垣」という地名がある。ウェストミーズ州の「ドラムクリー」はその意味を残しており、ここも古い土地で、バーバヴィア・ボグとグラックストーン・ボグとマラクラア・ボグという三つの泥炭地《ボグ》の縁にあり、冬季の燃料を近隣に供給してきた。太古の地層が自然の恵みをもたらすことを示す場所であり、そこは異教時代から一つの特別な場所とみなされていた。

初期キリスト教共同体にも異教の慣習が背中合わせで生きていたことを伝えるものとして、十二世紀に書かれた『古老たちの語り』がある。アイルランドの神話的なフィン・マク・クウィルの時代から数百年後に現れた、生き残りの戦士たちと聖パトリックが出会い、キリスト教に改宗させようとした。パトリックは戦士たちが語った異教の「自然に近く」、「熱狂的で官能的な生活」は、キリスト教の「平和的なもの」とは対照的なものであるという考えを披瀝する。ここには逆にケルトの神話に色濃く残る自然の神秘が浮かび上がる。その時代、「自然（の生命）」と「人間（の生命・生活）」はごく近くにあった。太古からの自然を知る知恵を活かしてブリギッドの活動も始められた。その核となる伝説が、ほかでもない、この聖女が起こした最も重要な、次の「奇跡」である。

†「緑の牧場」の奇跡——酪農の守護神ブリギッド

「インボルク」つまり「聖ブリギッドの祝日」は、生命を象徴する緑色に満ちている。ブリギッドは、キリスト教徒であった母親から日々の営みの大切さを教わり、病人や貧しい人々への施しに努めた。一年の周期に即して営まれる人間生活にまなざしを向け、産み育てる母性的側面を培った。奇跡は、尼僧となり、キルデアの「樫の木の下」に礼拝堂を建てようとした時に起こった。レンスター王が支援し「あなたの衣が広がる限りの土地を与えましょう」と申し出たので、ブリギッドが衣を広げると、それはみるみる丘の草地いっぱいに広がって、キルデアは「決して枯渇しない牧草」に恵まれ、羊と牛を育てることができるようになった（図2-13）。

図2-13　牧場の聖ブリギッド、『聖ブリギッド伝』

この出来事は十二世紀にウェールズから訪れた学僧ギラルドゥスの『アイルランド地誌』にも記されている。キルデアにはとても美しい緑野があってブリギッドの草地と呼ばれ、動物が草を根元までかじっても、翌朝には元どおりに茂っており、昼の間に家畜が食べ尽くすと、その分を夜の間に冷たい露が元に戻してくれるといわれる。

この牧草の奇跡は、古代中世アイルランド人の命を支えた生業、「牧畜」社会が最も求めていたものをもたらした。『聖ブリギッド伝』はブリギッドがバター、ベーコン、ミルクを人間に与える羊や牛を養い、天気も司ったと伝えている。ブリギッドは第一に中世アイルランドの人々の糧を産み出す酪農の現場にいる守護聖女となった。それは産み・育て・癒す女性聖人の第一の役割であるといってよいだろう。春のついたち「インボルク」とは、早春の「雌羊の授乳と最初の搾乳の営み」を寿ぐ「牧畜の始まり」の第一日目であり、その祈りが、新しいキリスト教という信仰のなかで聖女ブリギッドの牧場の奇跡へと展開し、「インボルク」＝「聖ブリギッドの祝日」となったのである。

牧草が、「ブリギッドの衣」から生まれたことに深い意味がある。彼女の衣は、キリスト者にとって、衆生を慈愛で「包む」大いなる「聖母の衣」を想起させる。見渡す限り広がっていったブリギッドの「衣」は、無限に延びて広大な「牧草地」となり、牛や羊を育てることができるようになった。悪天候の年には家畜が育たず、ミルクもバターもチーズもベーコンもない飢餓が頻繁にあったのが北ヨーロッパであった。ブリギッドの衣は、人間を包み守る前にまず、緑の「牧草としての衣」、まだ生まれぬ子羊を育む「緑のベッド」となり、またそれを産む「母胎の膜」となった。ブリギッドがイエスの誕生に立ち会う「助産婦」であったという伝承が想起される。酪農産品は、命の支えであった。「インボルク」という季節と「ブリギッドの奇跡」が結び付いた背景には、そうした中世「牧畜社会」の現実が横たわっていた（図2-14）。

図2-14　アイルランドの緑の牧場、ケリー州（撮影・筆者）

「聖ブリギッドの十字架」が、インボルクのイヴに、納屋やキッチンに飾られるのは、「サウィン」からの冬にはできない酪農の、一年の始まりが保証されることを意味した。「ブリギッドの衣」の象徴性は、現代アートにまで霊感を与えている。日常、女性が衣の布をつくろったり編み物で編んだりしている場面をテーマとした作品は、布やニットが国中に広がる奇跡と二重写しになる。女性による育みが、アイルランドのナショナル・カラー「緑」の牧草地としてどこまでも広がるイメージ。アイルランド人であれば誰もが、これは「聖ブリギッドの牧場」のメタファーであると感じられる（図2-15）。「インボルク」の日に、聖女をとりなしとして、春に立つ自然の生命力が呼び込まれ、そこに、キリスト教時代以前の古層の地下水脈があることが実感される。その源は、どこまで遡れるだろうか。

図2-15　マグワイア、牧場に変容した「聖ブリギッドの衣」

†「ブリガンティ族」の女神

アイルランドで今日「インボルク」が近づくと、人は「キリスト教の聖女である」ブリギッドに祈る。しかし歴史的にこの女性は次のような、多様な能力をもつ「女神」としても敬慕されてきたことを、思い起こす日となる。

聖女ブリギッドについて書いた七世紀のコギトススも、十世紀初頭の『コルマクの語彙集』も、この聖女には異教時代の「女神」が前身としてあったことを示している。キリスト教の聖女として崇められるずっと以前、ブリギッドは「ケルトの異教時代」のアイルランドで崇拝されていた。

前出の十二世紀にアイルランドに来島した学僧ギラルドゥスは、異教的伝統について豊富な見聞を記したが、私たちもブリギッドの名に関する語源や、古代ローマ人による史料、考古学、地名学から、ブリテン島およびアイルランド島に広がっていたケルト族が、それらしい女神を崇拝していた跡を追うことは不可能ではない。

「ブリギッド」の名の語源に関する資料の一つとして、既出した『コルマクの語彙集』がある。コルマクとはアイルランド南部のマンスター地方の王で司祭であったコルマク・マク・クレナーンのことで、異教時代の信仰や神話伝説などについての教養をもち、「ケルトとキリスト教の両時代」を跨ぐ貴重な中世文化を地名や人名などから紹介している。コルマクも然り、修道士、学僧たちも「ブリギッド」という名に似た呼称が、古代のブリタニアやヒベルニア（アイルランド）にあったことは知っていたのではないか。ここで浮上するのが、古代ケルト時代に崇拝されていたある女神の名前と、それにまつわるケルトとローマが接触した実際のブリテン諸島の歴史である。

中世から古代へ。歴史の時間を二〇〇〇年前のブリタニアに遡らせてみよう。ヨーロッパ大陸からは離れていたが、地中海の旅行家はこの島国の際《きわ》まで紀元前に到達しており、北方の民族がいることを知っていた。「ブリタニア」という島名の元は、前四世紀のギリシア人ピュテアスに基づくもので、今日のイングランドと、ケルト文化圏（スコットランド、ウェールズ、コンウォール、マン島）の人々を「プレタノイ」と呼んだことから、ラテン語で「ブリタニア」となった。

後世、英語で「ブリトン（人）」と呼ばれるのが、ケルト語派の「ブリトン語を話すケルトの人々」で、アーサー王はブリトン人の伝説的・歴史的英雄である。大陸からゲルマン語系のアングロ＝サクソンが侵入するのは紀元後の四〇〇年代である。それよりも三〇〇年以上も前、ローマ軍は紀元四三年にブリテン島に侵攻し、ローマン・ブリテン時代（ブリタニアのケルトと侵入者ローマ人の融合文化）を形成していたのだ。

さてそのブリタニアの北方には、ケルトの一族「ブリガンティ族」がいた。現在のヨークシャーからスコットランドとの境目の森と湿地を本拠地としていた。北上したローマ軍は、その制圧に紀元四三年から六九年まで実に長い年月を要した。

このブリガンティ族には、複数の北方のブリトン人をまとめ、侵攻支配を始めたローマに従ったとされる「女王」がいた。ローマの歴史家タキトゥス（五五―一二〇年ごろ）の『同時代史』や『年代記』によれば、ローマのクラウディウスが紀元四三年にブリタニアを攻める前から、その地は統治が確立しており、ケルト族のリーダー、女王カルティマンドゥア（四三年ごろ―六九年ごろ）がいた。クラウディウスの凱旋門にも刻まれているカルティマンドゥアは、戦略に長けていた。自ら遠ざけたことが原因で、敵対された夫からの攻撃に遭った時も、ローマからの援護を巧妙に得た。ローマ支配に抗して蜂起したウェールズのブリトン人カラタクスを、ローマに引き渡すという冷酷な女丈夫であった（図2-16）。

この屈強の女王の伝説をもつブリガンティ族は「ブリガンティア」と呼ばれる女神を崇拝していた。その女神名は、原インド＝ヨーロッパ語に遡り、「至高なる者・高貴なる者」を意味していた（古アイルランド語の*brig*：力・権力、価値や、ウェールズ語の*bri*：力・権力にも共通する語）。女神「ブリガンティア」は、ローマの「勝利の女神・ウィクトリア」と同一視されるなどしてローマ人にも知られていた。関連のラテン語碑文が、イギリス北部のコーブリッジなど数箇所からも発見されており、崇敬の跡が今日まで伝わっている。

この女神を崇拝するブリガンティ族のリーダーも女性であった。タキトゥスにはカルティマンドゥアと、ブリガンティ族の至高の女神が、二重写しになっていたかもしれない。今日、ローマン・ブリテン史におけるケルトの女王といえば、南東部のイケニ族の長ボウディッカと相場は決まっているが、実はタキトゥスはそれにさえ与えなかった「女王《レジーナ》」という、まさに「貴き名」をカルティマンドゥアのみに与えているからである。ローマの女神ウィクトリアを優位にみる比較のためであったとしても、「女神・女王」がケルトの一族にいたことを、結果として深く刻み記録することになったのである。

図2-16　バルトロッツィ「カラタクスをローマのオストリウスに引き渡すブリガンティ族の女王カルティマンドゥア」

女神「ブリガンティア」の威光は大きく、信仰の地

図2-17 「ブリガンティア像」

域も広かった。「ブリガンティア」に関係する地名は、ヨーロッパに広くみとめられる。大陸にもケルトの一派ブリガンティ族がいた。その都だったのがオーストリアのボーデン湖東の「ブレゲンツ」で、ストラボンの『地理誌』にも、この一族はケルトのウィンデリキ族から枝分かれしたと記されている。また女神「ブリガンティア」は、ケルト人とイベリア人の文化融合であった「ケルトイベリア文化」のコインにも痕跡を残している。ローマ人の支配が及ぶ前の前六世紀から使用されたイベリア文字の銘で、女神名が刻まれているのだ。あるいはフランス西部の今日のケルト文化圏、ブルターニュには、前二世紀と推測されるブリガンティア像（ブルターニュ博物館蔵）が伝わっていて、兜に「鳥」を戴いて土着的な姿をしている（図2-17）。これらの遺物からは、ローマ人も注目した古代ケルトの女神ブリガンティアへの崇拝の多様性とダイナミズムが伝わってくるだろう。

†「輝く者」とケルトの冶金術

以上を踏まえて、古代のヒベルニア（アイルランド）に戻ってみよう。

実はこの島にも女神ブリガンティアを崇拝する、同じブリガンティ族がいたのである。アレクサンドリアで活躍した地理学者プトレマイオス（紀元一〇〇―一七〇年ごろ）が記録していた。アイルランド東部のレンスター地方（現在のダブリン、キルデアを含む中東部）に自らを「ブリガンティ族」と呼ぶ族がいると書いている（図2-18）。レンスター地方は、アイリッシュ海を隔てて最もブリテン島に近く、現在のウェクスフォード、キルケニーがある。ケルト時代にはアイルランド側がブリタニアを攻め、ローマン・ブリテン時代の物質文明の影響も受けていた。ヒベルニアにもブリガンティ族が居住していたことは、女神がここでも崇拝対象となっていた可能性を思わせる。一つには「ブリガンティア」の名は「至高なる者・高貴なる者」と関係しているが、聖ブリギッドの名の語源も、原ケルト語のブリガンティ（*Brigantī*）に遡り、「貴い、卓越した」の意味で、原インド＝ヨーロッパ語をルーツとしている。ブリギッドはブリガンティアを前身とする「女神」であった。

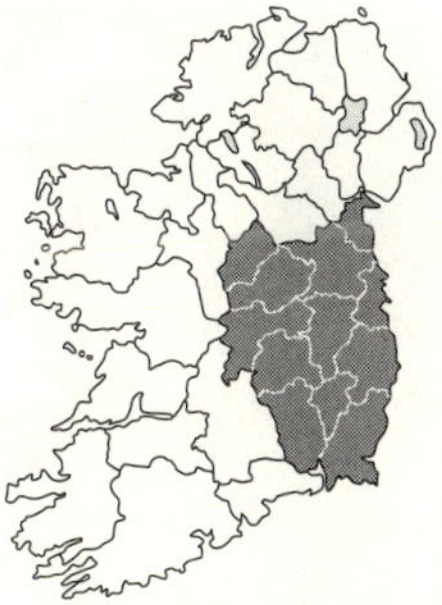
図2-18　レンスター地方

　神格としてブリガンティアとブリギッドに共通するのは、単に超越的な座にある者という意味ではなく、女王カルティマンドゥアのようにローマ軍にも屈しない豪胆さと、民の糧を絶やさない知恵と匠《たくみ》をもつ実践的な側面

図2-19　錬金する「鍛冶師ブリギッド」

が強調されていることである。それに関係し、実際の「女王」カルティマンドゥアという名は、ケルト語の「子馬（マンドゥア）」と「追いかける（カルティ）」の語源をもっている。インド＝ヨーロッパ語族であるケルトにとって「馬」のパワーは「太陽」や「火」に結び付き、女神たちが体を痛めて、火の血を噴きながら、子孫を産み、一族を繁栄させる「産出力」と関係がある。馬・太陽・火の象徴の連鎖は、実際、大陸から島嶼までのケルト文明が先んじた「金工芸術」という「輝くもの」の力を想起させる。彼女たちの名は「至高なる者・高貴なる者」であり「輝くもの」である。神話と芸術を横断し、女性の産出力を象徴的に絡ませた豊かな観念があるとすれば、それはブリガンティアやブリギッドの名前に託された最大のケルト的な価値であった可能性がある。その価値とは実際に古代ケルト社会の最大の職能組織があり、財産であり武器であった金属を火で鍛えて生む「冶金術《やきん》」である。二月一日の「インボルク」の祭日には、なんと、金床で金属器を生み出す「鍛冶師ブリギッド」の絵も飾られるのである（図2-19）。

初期中世の尊者ベーダもブリタニア、「この島は銅・鉄・銀などの金属に恵まれ、黒鋼石を大量に産出する」と、記している（『英国民教会史』）。事実、女神ブリガンティアを信仰していたブリガンティ族が、侵入者ローマに攻められながらなかなか征服されなかった強力集団であった理由も、その冶金術があったからである。武器のみならず彼らの重要な金工作例として、馬を飾っていた装飾がある。島のケルトの金工芸術を代表するものとして知られ、一八四五年、一四〇点もの大量の金工品と共に発見された。出土地（ヨークシャー北部リッチモンドシャー：九キロメートルにわたる巨大な鉄器時代の「ストーンウィック」）は、ブリガンティ族の紀元一世紀の要塞だった。それは「二輪戦車（チャリオット）」を牽く馬を飾っていたもので、「馬の面」と「人の面」が打ち出しになっており、人面は女神であろうか。「馬」はケルト神話の重要な女神や妃に結び付き、「馬」を「太陽の化身」として崇拝するインド＝ヨーロッパ語族の神話思考を反映させた芸術ということもできる（図2-20）。

図2-20「ブリガンティ族の馬飾り」

アイルランドでも紀元前二五〇〇年ごろから青銅の利器が製作されていた。「馬」の牽く「二輪戦車」の実際の金具や、九世紀のアヘニーの石造のケルト十字にも戦車は表されている。火を噴

図2-21　「二輪戦車」の図像、アヘニーの十字架基台部分

いて疾駆する戦士の乗り物であり、これを見守る女神（たとえばクーフリンに対するモリガン）を思い起こさせるシーンである（図2-21）。

†「火」と「炉」の女神

　ではブリガンティアとその背景を踏まえた上で、「緑の牧場」の奇跡と同じ重さでブリギッド（ブリード）に託された、炎と灯火の表象についてここから読み解いていこう。

　アイルランドの民間信仰では、一つの神を「三柱神（トリアード）」として崇拝するケルト的伝統を踏襲して、ブリギッド（ブリード）は三姉妹の一人で、「医術・鍛冶・工芸」に関係する女神と考えられた。それはいずれも長い鍛錬を積んで初めて身につく高度な術であり、ローマ人は、これらをケルトのドルイドの魔術ともみていたらしい。これらの高貴な職能は、男性ではなく、女性の手仕事と結び付き、その要《かなめ》にブリギッドが立っていることが、明らかになってくる。それは、ブリギッドに強く結び付く「火」のテーマである。

　そもそもブリギッドが、「ドルイドの家で生まれ」、かつ「ダグダ神の娘」であったという伝承は何を意味したのだろうか。

言い伝えでは、彼女が生まれた時、ドルイドたちはマスク湖畔のブリギッド誕生の家から「燃え立つ柱」が上っていくのを目撃した。赤子の額から炎が上がり、超自然の火は「揺り籠を太陽に」結び付けたという。北部のアーダーの地では「ブリギッドの炎が教会の屋根から立ち上っていた」という。彼女の誕生をしるした「火」は、世俗の「家」と、神々のいる「聖所」を結んだのであった（図2-22）。

一方、ブリギッドは、アイルランド・ケルト神話の豊饒の「大鍋を司るダグダ」の娘であった。それは何を意味しているのか。女神ブリギッドは一袋のモルトと麦芽で、たくさんの人々にゆきわたるほどのエールを産出する能力をもつ。この奇跡は無限の穀物の粥（ポリッジ）を供することができる父親「ダグダの大鍋」の術と二重写しとなって、ブリギッドの豊饒性が象徴されたと考えられる。それは「食べ物の供給」にとどまらない意味を含んでいる。ブリギッドが決して枯渇しない「鍋」の中身を示せるということは、その前提となる酪農産物と、その食糧を料理してプレートを用意できる家の「炉」の守護女神であったことを示している。

図2-22　酪農共同体の浄めの火、アイルランド西部ドゥーリン

ブリギッドと、家々の食事・健康・安寧をも

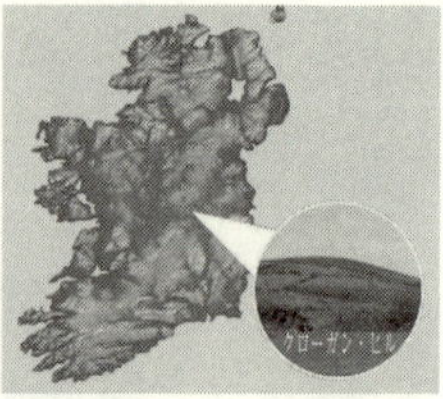

図2-23　クローガン・ヒル

たらす「炉」の結び付きについては、アイルランドの「地質学」や「民間信仰」が重なる具体的なホット・スポットによって雄弁に物語られてきた。今日でも人々が登る、ダブリンとほぼ同じ緯度で西方の延長線上に位置する「クローガン・ヒル」がその一つである。アレン泥炭地に盛り上がった二三四メートルの小山にある墳丘は、青銅器時代以来の「埋葬地」だった。後世その聖地には五世紀に教会も建てられ、丘の北側には聖パトリックに捧げられた聖なる井戸もある。

地質学者によれば、「アイルランドの臍《へそ》」は、アスローンの北東二六キロメートルにあるウシュネフの丘ではなく、このクローガン・ヒルであって、「火山」岩の塊がその「臍」であるという（図2-23）。

さらにクローガン・ヒルの裾野のアレンのボグ（泥炭地）は、オファリー、ミーズ、キルデア、リーシュ、ウェストミーズ州にわたる九五八平方キロメートルにわたる大泥炭地である。泥炭は物質を長く保存する地質で、初期の鉄器時代の異物がそのままの姿で出土し、近年では革の腕輪をして爪にマニキュアまでした「貴人」（前三六二―前一七五年の間に死亡したと推定される大柄の「クローガンの古代人」）が二〇〇三年に発見された（ダブリン、アイルランド国立博物館蔵）。重要なのはこのクローガン・ヒルとアレンの泥炭地が、異教時代以来の自然的風土と精神的風土が重なり合った土地の「記憶」が堆積した場所と信仰されてきたことである。十六世紀以前、土着の支配者がここで就任式をしていた伝統の意味は小さくない。

このクローガン・ヒルと聖ブリギッドの関係は、際立っている。彼女はキリスト教時代以前は三柱神の一人として崇拝されていたが、クローガン・ヒルの頂付近にはブリ・エレと呼ばれる「炉」を象った石組みがある。それは「地下世界」に通じており、「鍋」が埋められていると伝えられている。家族の健康をあずかる婦女の聖なるキッチンの原型、「工房」と呼ばれる先史の遺跡である。

ケルト文化に限らず、日々の家の中で、台所の「かまど」で働くことは女性たちの仕事であった。家を守ることにおいて最も大切な「火を消さないこと」は、家長の妻や嫁がしてきた。翌朝まで火種が消えないように「灰をかぶせておく」営みは、日本でいう「かまどの神様」への信仰で、家の火を絶やせば、糧は口に運べなくなり、一家一族は危機に晒された（図2-24）。

異教時代のブリギッドは「無限の食べ物」を産出する魔法の「鍋」の所有者であるダグダの娘であった。それによって豊饒なる糧をもたらす地母神のはたらきと結び付けられたのだろう。しかしここで、ブリギッドにまつわる表象はダグダの鍋を超えていくのだ。

図2-24　「かまどで働く婦人」アイルランド民俗版画（M. ランドブラック・コレクション）

「火」があって初めて食べ物は調理できる。人間に食べ物を与える「火」の場所は「炉」である。まさにアイルランドの民間信仰では、「家々の炉の火」はブリ・エレのように「異界に繋がっている」と考えられてきたのである。

　その象徴の丘であるクローガン・ヒルが元は「火山」であったことが土地の記憶にあった。のみならず、冬至の日にウシュネフの丘（クローガン・ヒルのすぐ西方にあり、異教時代ドルイドがアイルランドで最初の火を起こした聖地）からクローガン・ヒルを遠望すると、「太陽」の光線がその頂を射るのが見えるという。この現象も、クローガン・ヒルが「火」と「炉」に繋がった理由であった。その守り手こそ、ブリギッドであるという信仰が生まれたのである。

　ここに大自然の「火」と、金属の「鍋」から生み出される生命の「糧」が、連鎖してくる。そこには、異教時代のケルトがそれまでに長い時間を費やして生み出してきた「冶金術」「金属の利器」の技（魔）術史が潜んでいる。「火」の本質である「熱・光・エネルギー」は、「鍋」という「金属」そのものを「溶鉱炉」で生み出す。火は金属器の親であるという原理を、ヨーロッパ大陸の第一鉄器文明を築いたケルト人は熟知していた。火の「炉」で溶解され鋳型に流し込まれて形をもち、利器として「誕生」する金属の「生命的変容」をである（図2-25）。

ブリギッドは、台所で日々の料理＝食べ物を生み出す匠、技、魔術としての「炉＝鍋」と強く結び付いた。本書第五章の冒頭に登場するアーサー王の剣においては、「炉＝金床」の神秘が示されるように。重要なのは、炉でも金床でも、その鍋や剣という金属器が生まれる場所は、炉を表象する「巌や石や塚」に関わり、そこが「地下世界」に通じているという異教時代の信仰がケルトの伝統にあることである。アイルランドにおける妖精塚は、ファンタジーの産物ではなく、そこは、「サウィン」に蘇る「死者たち」が生きる地下世界のスポットであり、クローガン・ヒルは、人間に「熱と光というエネルギー」をもたらす異界の「炉」を抱いているのである。

図2-25　先史ケルトの冶金術と金属器

無限の食べ物を生み出すダグダの大鍋は、アーサー王伝説で騎士団がみつけ出そうとする「聖杯」の原型であるといわれる。キリスト教においてはキリストの死からの復活をしるす器であり、その原型のケルトの大鍋もまた、死から人間を再生させる食べ物を供出する大いなる器である。その器で、食べ物を料理できるのは、ブリギッドのような地下世界と通じる大地の「炉」の守り手（女性）であったのだ。

✝シンデレラ、「灰」かぶり姫とブリギッド

ここで想起されるのは、「炉」の守り手である「女性」の深い意味である。

クローガン・ヒルにまつわる信仰の核に示されている「ブリギッドの炉」の観念は、家の台所を預かる「炉の女神」としての、輝く火と連鎖する神格、高貴さを再確認させるだろう。想像をたくましくすれば、それは後世、シャルル・ペローやグリム童話で再話されていく「シンデレラ＝サンドリヨン＝灰かぶり姫」型の伝説の源となるような観念を秘めているのではないか。語源論などにも関係してそれが推測できるのである。

異本が多いが共通するのは、母親や姉妹からみると血縁ではないシンデレラなる女性は、家の下働きをする運命を担い、暗い台所で、一家の食事を用意した。中世に実際その仕事をこなしたのは「嫁」だった。「花嫁《ブライド》 *bride*」の語源こそ、インド＝ヨーロッパ語族の動詞の語根 **bru-* で、それは「料理する、醸造する、煮出す」の動詞の語源と共通し、古英

語 *bryd* の「嫁＝家に外から入った若い女性」にもその語根が含まれている。つまり家の炉で一家の健康を守り食事を用意する生命の守り手は、血縁ではない「嫁」「義理の娘」に課すという古代中世の実際の慣習がこの語に刻まれていると思われる。

その前提として、より古層の信仰、観念がこの「炉」と結び付いていたのだ。

それは細心の注意を払わねばならない、過酷な任務である。一戸や共同体の「炉」の火は決して「消してはならない火」であり、それは彼女たちが毎夜、「灰」を被せて守るものだった。シンデレラは自ら「灰かぶり」となって、来る日も来る日も命の糧を家族に与えた。家族にとって義理の存在である女性こそ、世俗とは切り離された、文字通りの異なる世界からやってくる存在でなければ、炉や火を守れない（彼女を足蹴にする義理の姉妹と母親は「台所の炉」には近づけない）。なぜなら炉や火は「生命をそこから産出する聖所」であったからである。

この重労働にして神聖な務めを負ったシンデレラには、「かまど・炉」の守り手として神聖さが宿っていたからこそ、輝く頂（宮殿）に昇れたのではないか。輝く宮殿は、精神において闇＝異界に通じる聖所を知り尽くした女性だけが昇ることのできる至高の象徴である。とすれば「至高の者」をその名に孕んでいる「ブリギッド」や「ブリガンティア」とは、クローガン・ヒルの「炉」のように、暗くても力強い地下世界の基に通じ、輝く

「火」を再生させ続ける、女性・女神の職能を形容した名として、これ以上のものはなかったであろう。「ブリギッド」も「ブリガンティア」も火の聖所の守り手だったのである。

いいかえればブリギッドと「インボルク」の祭日に表象されているのは、そうした家々における「日々の仕事の神聖さ」と「日常のなかの聖性」であった。ブリギッド信仰の真髄は、聖なる修道院の火も、家庭のかまどや炉の火も、ひと続きで接触しているという信仰である。彼女は「緑の牧場」と共に、牧場からもたらされるすべての恵みを、「炉＝火」によって次の生命的な恵みに変える術（料理）と台所を預かる。家々の外で家畜を育む「緑」は、家々の炉の「赤」と補色の関係で支えあい、照応しながら、生命を持続させてきたのだ。

研究者マイケル・デイムズの言葉は、ブリギッド信仰の奥義をよく伝えている。

「ブリギッド、すなわち、聖なる火に結び付く女神が、民間の尊崇を最も受けてきたことは偶然ではない。彼女ほど異教とキリスト教の領域を飛び越えた神はいない。ブリギッドの火（炉）は家々の中心にあり、火の軸柱の先端部を形成した。彼女はその家の家族〈の日々の暮らし〉をダイレクトに神秘の極みに導くのである。七世紀に聖ブロッカンが歌ったように〈ブリギッド、優れたる女性。炎であり黄金であり、光輝に満ちたひと。まぶしい陽光のように輝いて、われらを永遠の王国に誘う〉」（『神話的アイルランド』一九九二年：未邦訳）。

「火」は家を守り、家族の命を暖め、料理をもたらす。ブリギッドは、「火の申し子」にして「炉の女神」であった。ここで彼女の守る火は、日常の火である。したがって「聖ブリギッドはインボルクの時だけではなく、日々の暮らしのなかにおられる」という信仰を生んだのであった。

聖所は遠いところではなく、今ここにあるとケルトの修道士が思念したように。聖ブリギッドの加護は「一年を通して、ここにある」。日々のルーティーンの瞬間に、神聖な瞬間がある。「修道院の火は、家々のかまどの火と、直につながっている」という信仰を授けてくれるのが、キルデアの聖ブリギッドの伝承の核なのである。

新生児を暖炉の傍に置いてブリギッドの火のエネルギーに与る習俗がある。ブリギッドが「新生児の守り女神」であるともいわれるゆえんである。キッチンのかまどの火、家や庭で水に触れること、戸を直したり、編み物を編むこと……。「ホモ・ファベル（つくるヒト）」としての人間の日々の営みを、一番に傍で見守り続けるケルトの女神ブリギッドが、聖女の後ろに力強く控えている。

†インボルクからキャンドルマスへ——「浄めの月」の火

異教時代のブリギッド信仰を踏まえて、「ブリギッドの火」がその後キリスト教時代に入っても確実に受け継がれ、二月のこの春の祭日を照らすことになった歴史を、最後に辿ってみよう（図2-26）。

キルデアの教会の境内には中世から絶えることのない「聖ブリギッドの灯」が守られている。ウェールズから訪れたギラルドゥス（『アイルランド地誌』）は、キルデアを訪れたとき、「緑の牧場」の奇跡に並び、その火についても記していた。「ブリギッドの火」は、これを消すことはできないのだという。それは修道女たち、聖なる女性たちが、入念に護り木をくべているからなのだ。それはブリギッドの時代から何年を経ても燃え続けている、と。

図2-26 「灯火を掲げる聖ブリギッド」、キルデア

実は「ブリギッドの火」は、異教時代の「インボルク」の祭と、それに続くキリスト教の祝日を繋ぎ、糾《あざな》える火縄のように現代に至るまで強く結び付いて燃えている。「二月一日」のインボルクに、二月二日の「聖母マリアのお浄め」の祝日である「聖燭祭／キャンドルマス」が連続するのである。両日は、二月の祭暦の文字通り姉妹となってきた。女神

ブリギッドの「炉の火・かまどの火」は、六世紀、キリスト教の聖ブリギッドの修道院の灯火として再生した。インボルク（二月一日）からキャンドルマス（二月二日）に、聖なる「火」が途切れることなく繋がるカレンダーが、アイルランドでは成立したのであった。

これは読者も直ちに想起されよう。第一章でみた通り、万霊節は、キリスト教の「ハロウィン／万聖節」（十一月一日）の後の十一月二日に日取りを移動させられた。しかし「（世俗のすべての）死者の供養と新年への再生」を祈る祭の中身はしっかりと残り、「キリスト教」と「ケルト」が「死者の供養」において連続する暦となった。キリスト教の「ハロウィン」の起源はケルトの「サウィン」にあった。ケルトの基層の上に、キリスト教の祭暦が上書き、ないし、連続して同調する。これと同様、早春の二月には「インボルク」の翌日に、キリスト教の「キャンドルマス」が続いているのである。二月上旬、「インボルク」の祝いは、「キャンドルマス」へと連なり、十字架と共に「浄めの火」を灯し、聖母と聖ブリギッドを想う日となる。

キリスト教の「聖燭祭／キャンドルマス」とは、ヘブライ人の慣習に倣い、聖母がイエスの誕生の四十日後にイエスを抱いてエルサレムの神殿に献金とお浄めのために上がった日である（ルカ福音書：二―二十二）。

一方、古代ローマでも二月は浄化の月だった。ラテン語で「二月」を「フェブルア」といい「浄めの月」という原義があった。神話では「フェブルア」は軍神マルスの「母・女神」で、二月一日にキャンドルや松明《たいまつ》で辻々を一晩中明るく照らす慣習があった。その慣習は、冥界の王プルートが、美しい乙女プロセルピナに惚《ほ》れ込み、地下世界に連れ去ったので、彼女の両親が「松明とキャンドル」を灯して彼女を捜しまわった神話に因《ちな》み、ローマ市中の女性たちが火をかざして行列した。ここで浮かび上がるテーマが「女神・女性」と「火」である。

図2-27　「聖母マリアの神殿奉献」『ラットレル詩篇』、14世紀

キリスト教会は民衆からこのローマの二月始めの祭を奪うことはできず、教皇セルギウスがプロセルピナを聖母に読み替えて公認した。毎年この日、聖母のために祝別されたキャンドルを灯して、全世界を照らすように定めた。「神殿奉献」の図像は写本にも描かれ、光を放っている（図2-27）。信仰の背景は異なっても、キリスト教の聖母のための「聖燭祭」には、ヘブライ人の慣習と古代ローマ人の慣習が、「二月の始め」であるという点で重なり合っている。「祝祭日の重なり」は偶然なのではなく、生きとし生けるものを包む天の運行がもたらす、季節の巡り、つまりここでは「春の到来」を共有していることである。

キリスト教の「クリスマス」は、異教の「冬至」の祝いに添い新たな祝日となった。そしてクリスマス＝神の子の降誕からおよそ四十日経つと、自然界にも早春を兆す光が現れる。「聖母マリアの神殿奉献＝お潔めの日」も、「サウィン／万霊節」と同様に、「大自然の生命の経巡り」に添って成立した祝日だったのである。

実際、古代ローマ人が手本としていたギリシアのヘシオドスの『仕事と日々（農事暦）』（前七〇〇年ごろ）も、この時季には天が重要な変化を示すことを語っている。天空神のゼウスが冬至の後の六十日間を果たし終えると、夜空に牛飼い座の一等星のアルクトゥルス星が現れて燦然と輝き、それに続いて春が立ち始めるという。ヘシオドスは農耕牧畜が再開する二月を、天体の経巡りへの感動のくだりとともに記述し、待ちに待った春の到来を活き活きと伝えた。農事とは「大自然のカレンダー」にいかに人間が寄り添い、これに応答し、稔りへと導くという科学であり知識であった。

以上をまとめれば、「ヘブライ」も「ローマ」も「ケルト」の人々も、天体の運行の下に生き、どの文明も、季節の経巡りに寄り添い、地上の人間に与えられた生業に勤《いそ》しんできたということである。

アルプス以北のアイルランド・ケルト文化圏に残る「インボルク」というゲール語はインド＝ヨーロッパ語に遡ると、「羊の乳（が膨らむ・豊かにある）」という意味がある。羊

図2-28　インボルクのキャンドルとスノードロップ

文化圏であれば、アナトリア（トルコ）でもマケドニアでもガリアでも、この含意が行事となって伝えられてきたことだろう。しかしアイルランド・ケルト文化の固有性は、春の最初の日に、女神から聖女になった「ブリギッド」と、牧草の奇跡とを結び付けたところにある。無辺の緑の牧場で子羊が生まれ、雌羊が最初の乳を出す。ブリギッドは、家畜だけでなく、人間の母親の出産と授乳と子どもの育成を司るとともに、自身の若さが春の象徴である。

ヘシオドスの星座観察に象徴されたように、いよいよ大自然の回転の摂理によって、家畜を育み、耕地に種まく天が動き出し、人も自然も愛しみ育成するスターティング・ポイントに立つ、立春。「インボルク」を祝って人々が交わすカードには、天の円舞と呼応する地上の星、「スノードロップ」の白い花が描かれ、「スイセン」も黄色の光を放ち始め、冬の闇から春の光へと人々を導く（図2-28）。

キャンドルマスは、ローマに詣でた巡礼が教皇から聖体を下賜される行事に倣って、フランスの家庭でクレープが焼かれる日でもある（なおクレープはそば粉でつくったケルト文化圏のフランス西部のブルターニュが発祥の地であるといわれている）。

「聖ブリギッドの十字架」の素材「灯心草」は、キャンドルの芯に使われてきたゆえに、キャンドルマスに連続していく。なぜ「聖ブリギッドの十字架」がこの草で編まれるのかもここで符合する。ケルトの灯心草は、キリスト教の聖堂に輝くキャンドルとなった。キルデアのブリギッドの火が、当時から今日まで決して絶やされていないのは、異教社会からキリスト教社会にその火が手渡され、古層のものが新層に宿ったからである。ケルトの女神の火力は、キリスト教の信仰の熱い蠟に、濃密に溶け込んでいったのである。

こうして「インボルク」には、異教の女神とキリスト教の聖女そして聖母が、春の始まりに象徴的に重なりあっている。灯心草の十字架を飾るほか、少女や未婚の女性が麦藁やトウモロコシで、「女神」や「乙女」としてのブリギッド像を作る。それへ水を振りまく慣わしは、異教以来の儀礼である(図2-29)。この像を、インボルクのイヴに、暖炉の傍に設《しつら》えた「ブリギッドの床《とこ》」に寝かせ、供えものをする。お祝いの「薬草」として、ローズマリー、シナモン、タンポポの根、乾かしたオレンジの皮を混ぜて、癒しをもたらす。女神と聖女ブリギッドを思いながら春迎えの歓びを表す。

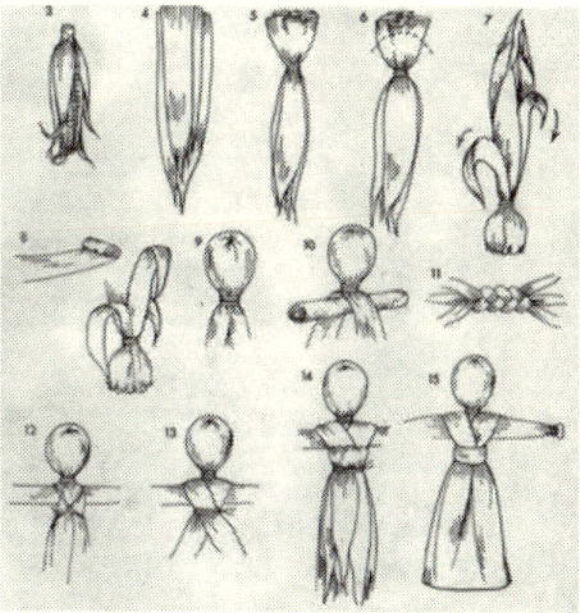
図2-29　インボルクの「聖ブリギッドの乙女」のつくり方

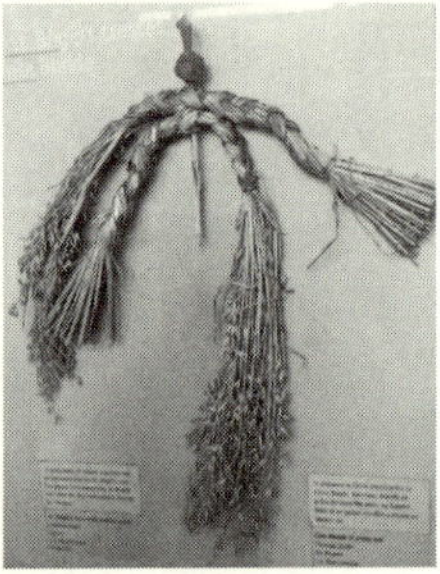

図2-30　ジャガイモを刺した「聖ブリギッドの十字架」

†ジャガイモと別れの伝統歌《シャンノース》

さて「インボルク」の章を閉じるに当たり、最後にキルデアやクローガン・ヒルのある東部とは反対側、大西洋側のゲールタハト（ゲール語公用語地域）を訪れた時の話をしよう。

ゲール語が話されている地域といえば、アラン島を南の沖に見るコネマラ地方（ゴールウェイ州）である。その北のメイヨー州にはウェストポートの港があり、そこは十九世紀半ばのジャガイモの胴枯病《どうがれびょう》に端を発した「大飢饉」において百万人がアメリカ大陸ほかへ移住していった、その出航の港の一つであった。その内陸にある農村の民俗を紹介する国立博物館には、ケルトの「四つの季節祭」に関する展示がある。筆者はそこで、「サウィン」「インボルク」「ベルティネ」「ルーナサ」が、民間で確かに伝えられてきた歴史を、数々の収蔵品・展示物と記録から確認した。「インボルク」のコーナーで、きわめて珍しい十字架と対面した。「ジャガイモ」を上から下に刺した「聖ブリギッドの十字架」であった（図2-30）。それは麦藁を少女のおさげ髪のように三つ編みし、上からジャガイモを串刺ししたものであった。アイルランドでは地方によって、インボルクに、このジャガイモの十字架を作り、農家では「初のジャガイモ植え」をおこなうのである。

「インボルク」祭の古層には、「自然の恵み」を受け、人間が農耕や酪農で穀物や家畜の生命を育む春の生活をスタートさせる日の祝いと祈りがあった。そしてそこには「地母神」としての女神ブリギッドの姿があり、それが聖女となった。

メイヨー州の南に広がる泥炭地を越えていくと、コネマラに至る。大西洋に近いカーナの村に着いて、アイルランドの伝統歌、シャンノースを聴いた。大叔父からそれを歌い継ぐ若い母である。彼女の名も「ブリギッド」さんである。ゲールタハトでは今日「ブリージ」と発音されている。彼女がその夜、歌ってくれたのは、ジャガイモの不作に発した大飢饉でアメリカに渡っていった家族や恋人との別れの歌だった。十九世紀半ばに大量に移民した人々は、二月一日が近づくとき「インボルク」のイヴを祝い、祖国に思いを馳せたことだろう。

「サウィン／ハロウィン」の闇は、遂にこの日に浄化され、「春のついたち」は来る。緑の灯心草や麦藁で「聖ブリギッドの十字架」を編む喜びから始まるその日は、早春の光を連れてくる。ブリギッドが守る緑（牧場）と赤（火）は、生きとし生けるものを生かす、大自然のサイクルの持続と共にある。

第三章

「ベルティネ」夏の祭日
——「五月祭の起源」と闇から蘇る森

ブレイク「オベロン、タイターニア、パックと踊る妖精たち」

†夏の始まり――「ベルティネ」祭

人間は「季節」の生命の「周期《サイクル》」のなかに「生かされている」。そのことを、私たちは、春の始まりの「インボルク」祭からも知ることができた。

天は巡り、いよいよ「夏」が北ヨーロッパにもやってくる。「五月一日」。寒冷な地域では春の到来と実感する所もあるだろうその日、人々は「メイポール（五月の柱）」を広場に立て、色とりどりのリボンを下げ、白いドレスの少女たちがポールの下を踊りながら廻り、村人が宴を催す。近代ではより広く、「メイ・デー」と呼ばれて、労働者のベースアップ・アピールの日としても知られている。

ケルトの「ベルティネ *Beltaine*」祭は、この「五月祭」のルーツである。「四つの季節祭」の第三番目にくる祭日であるが、冬から始まるケルトの暦では「サウィン」から「ベルティネ」までが「闇の半年」である。「ベルティネ」から「サウィン」までの「光の半年」がいよいよこの日からスタートする（13頁の図参照）。

「ベルティネ」という言葉は、アイルランド・ゲール語で、「ベル（バール）」神の名と、「（明るい）火」を意味する「ティネ」からできている（スコットランド、マン島、ウェールズなどでも祝われてきた）。

この時季から「太陽」のエネルギーが増大して、熱と光のパワーは、家畜や作物の成長を促進してくれる。祭で焚かれる「火」は太陽の象徴で、太陽の熱が牧場や耕地に浸透し、家畜や穀物が無事に育ち、病気にならぬよう、浄めてくれることを祈った。人間もこれから秋の収穫祭とサウィンまでの労働を乗り切ってゆける健やかさを授けてもらえるように願うのである。「ベルティネ」では、「サウィン」と同様、焚き火が焚かれる。その焚き火は、この時季に活発になる「妖精（シー）」の力をなだめ、「大自然」のエネルギーのバランスを調えるためのものでもあった。その火は、家々に持ち帰られて、夏のパワーが人間にも吹き込まれる（図3-1）。

図3-1　ケルト人の故地チェコの「ベルティネ」祭の焚き火

†ケルトの「ベルティネ」祭の歴史と現在

大陸のケルトの遺跡や歴史に眼をやると、ベルティネの語と同語源の「明るい・光り輝く」を意味するケルトの男神「ベレヌス」崇拝の痕跡がみられる。ベレヌスは、ガリア南部（プロヴァンスやボルドー地方）、北イタリア、ノリクム（オーストリアのドナウ川の南）地方でローマの太陽神アポロと同一視され、これらの地域では「アポロ・ベレヌス」信仰が篤かった。「太陽」の熱が治癒に効果を発揮するため、ベレヌスは治癒神としても崇拝された。ガロ＝ローマ時代の証《あかし》は、マルセイユ周辺やニームの碑文や像から確かめることができる。

ブリテン諸島では、アイルランドから大陸（たとえばフランスのリヨン）にまで信仰されたケルトの太陽神ルーと、ベレヌスとが結び付き、この二つの神々の名から、ウェールズでは王、レウェエリンの名が生まれたといわれる。王も太陽のパワーをもって権勢を振るうことを願った。中世のモンマスのジェフリーによる『ブリタニア列王史』（一一三六年ごろ）にある伝説的王ベリヌスの名も、太陽神ベレヌスを元にしていると考えられている。ユリウス・カエサルと同時代に生きたシチリアのディオドロスは『歴史叢書』（前一世紀）で、ブリタニアの地名に関して最初に書いたコーンウォールの地を「ベレリオン」と記した。これも「ベルティネ」や「ベレヌス」と語源を共有する地名だと解釈されている。南西端の半島コーンウォールは、ブリタニアのなかで太陽が照る場所というニュアンスが、その名に反映しているのかもしれない。

十世紀アイルランドの『コルマクの語彙集』によれば、ケルト伝統のベルティネの儀礼では、火の間を雄牛に歩かせて生命力を与えたという。雄牛は牧畜・酪農文明を背景とするインド＝ヨーロッパ語族の神話や儀礼に登場し、重要な豊饒のシンボルで、アイルランドでは王と王妃が牛の争奪戦を繰り広げる『クアルンゲの牛捕り』という英雄神話が伝わっている。牛の争奪戦は王国と王国の戦争にまで発展し、戦いは、冬の自然界の荒ぶる威勢を借りて「サウィン」から始められた（第一章参照）。

大自然の「闇の半年」から「光の半年」の大転換に訪れる「ベルティネ」と「サウィン」はケルトの「四つの季節祭」のなかで最も大切な「対となる祭暦」である。神話の『クアルンゲの牛捕り』の戦いは「冬と死」から始まり、争奪戦の中心にいる雄牛は再生の「夏と生」を象徴しているかもしれない。雄牛は四つの季節祭の二大祭日の一方であるベルティネの祭で、旺盛な夏の力を象徴して、色とりどりの、とくにプリムローズなど黄色い花で飾られるのだ。

「ベルティネ」も「サウィン」同様、自然のエネルギーの活発化によって超自然的な出来事が起こるとされてきた。アイルランドの神話では、パルトローン率いる最初の民族がアイルランド島に上陸したのが、「ベルティネ」の日であった。ウェールズでは、ベルティネの夜に二頭のドラゴンが戦い、勝った方のドラゴンが王の娘と森でこの日を祝うことができるという伝承がある。また同じくウェールズの神話では、有力な王国ダヴェッドの跡継ぎとなる「王子プリデリ」が悪鬼によって隠されていたが、無事発見される（再生する）のも、ベルティネの前夜のことである。

図3-2　「ベルティネ」祭のポスター

しかしこうした豊富な神話や伝承に彩られている「ベルティネ」「五月祭」は、二十世紀になると、牧畜農業を生業としてきたヨーロッパの農村が近代化の波に押された結果、一旦、下火になった。しかし冷戦が終わり、より開放的な夏の祭やイヴェントが楽しまれるようになると、「ベルティネ」「五月祭」は復活した。最近ではネオ・ペイガニズム系の異教的儀礼の復興運動から、ソフトな文化的催事まで幅広く、ヨーロッパ各地やアメリカや南半球の国々（夏冬が反対となるため五月一日に「サウィン／ハロウィン」を祝う）でもおこなわれる傾向をみせている。

前掲の写真（図3-1）は、現代の東欧のチェコにおけるベルティネ祭で、子どもたちが「ドルイド」の白い衣を着て、「ベルティネの火」を焚いている様子である。ケルト史によく出てくるチェコすなわちボヘミアには、古代ケルト人のボイイ族（「ボヘミア」の語源）が居住していた。その歴史の深い縁からこの祭がおこなわれている（図3-2）。

主催者は「チェコの盆地に住んだケルト人は、自然との調和を旨として、神聖な木を崇拝した。最も重要なのは十一月一日のサウィンで、ベルティネの夏の祭と、両者は向き合っている」と述べている。同時に、ドイツ、スウェーデン、フィンランド、エストニアなど中欧や北欧では、「五月一日の前夜」に「ワルプルギスの夜」を迎える。魔女たちが宴を催すとされ、これはケルトのベルティネにおいて「妖精たち」の活動が活発化するという民間伝承と呼応している。ドイツではブロッケン山（北部のハルツ山地）に魔女が集まると信じられてきた。現代のイヴェントの主催者は、「伝統的ワルプルギスの夜の饗宴が、ケルトのベルティネ祭に遡ることをご存知でしたか？」と呼びかけている。そのポスターはまるで「ハロウィン」である。「ワルプルギスの夜」が明けると、自然のエネルギーが朝日とともに現れ、世界がバランスを取り戻し、再生する。その太陽の強さに驚いて、魔女たちが森から退散する様子を表している（図3-3）。

図3-3　「ワルプルギスの夜から夜明けへ」

ではケルトの「四つの季節祭」の第三番目の祭、「ベルティネ」は、どのような古層の生命観を表してきた祭なのか。ここから民俗誌や、神話伝説、近代の英文学、二十世紀の映画などを通して解き明かしていこう。

†シェイクスピア『真夏の夜の夢』はベルティネのイヴの出来事

シェイクスピアの有名な戯曲『真夏の夜の夢』は、舞台や映画やミュージカルでおなじみである。ロマンティックで、エロティックで、ユーモラス。森の妖精、いたずら者のパックの笑い声にはホラー色もある。この戯曲は、タイトルからして六月の「夏至《げし》」の出来事を描いていると思われているようである。しかし森で起こるこの「カオスからバランスへと再生する物語」は、「五月一日」の「ベルティネ」の前夜、「四月三十日」の夜から夜明けまでの物語なのである。場所はシェイクスピアの時代にイングランド人に憧憬された古典時代のギリシアの都アテネ郊外の森である。

このあまりにも有名な十六世紀末に書かれた戯曲が、ケルトの「ベルティネ」という暦を土台の一つとしていることは、少なくともわが国ではほとんど知られてこなかった。明治以来、この戯曲が「真夏」と銘打たれているのに、なぜ六月の夏至の話になっていないのかという「論争」が続いてきたほどだった。しかしこれは、ブリテン島の民俗にあった、重要な「ベルティネ」に少なくとも霊感を受けた物語であった。大自然が渦巻く冬の「サウィン」と対角線上にあるのは夏至ではなく、「ベルティネ」の祭日である。シェイクスピアの生きた伝統社会の人々は、夏の到来を、前夜の「森」(大自然界)を舞台に、不思議な妖気が沸き立ち、夏の第一日目が夜明けとともに始まることを夏の最大の力として実感していた。

一方「夏至」は「ミッドサマー」と呼ばれるが、天の摂理で翌日から太陽の力は弱まっていく。スコットランドの伝承では、夏至の夜に闇が生まれるという。その時焚かれる「ヨハネの火祭」の火は、既に弱まっていく太陽のエネルギーを食い止める火であった。それに対して、「ベルティネ」は夏の最高の力に向かって上昇し、シェイクスピアの戯曲では、人間の王と王妃、妖精の王と女王、恋人たちの情熱が溢《あふ》れ出す。スピリチュアルな「惚《ほ》れ薬」の雫、人間の男がロバに変じられるカオスとエロスが森に渦巻く。夜明けには真夏のエネルギーに向かって、太陽が昇り秩序が取り戻され、人々はこの旺盛な夏の到来を寿《ことほ》ぐのである。夏のエネルギーがいや増すベルティネの前夜は、祭や神話や伝説によって、ヨーロッパの普遍的な夏の実感と観念として生かされてきた。この作品が、太陽のエネルギーのピークが翌日には終わってしまう夏至の前夜には設定されていない理由を知らなければ、永遠にシェイクスピアがソースとした、民間信仰の大前提を知らないままに鑑賞してしまうことになるだろう。

新大陸が発見されグローバリズムの基礎ができあがる世紀が、シェイクスピアの時代であった。劇中では妖精の小僧パックでさえ、「地球を一回りするのに四十分とかからな

図3-4　ペイトン「オベロンとタイターニアの仲違い」

い」といわされている。そうした新時代が到来した当時だが、劇を鑑賞した人々は一年の内で「超自然的なことが起こる夜」を味わっていた。ベルティネの前夜に精霊が現れ、良いことや悪いことを仕出かすと恐れる実感を共同体はもっていた（図3-4）。

この戯曲の要《かなめ》はその夜に森で、「惚れ薬」をまぶたに滴下された男女それぞれが、眠りからさめて最初に見た人間（あるいは動物でも）を愛してしまうという愛のカオス劇である。戯曲では、アテネの公爵シーシュースとヒポリタの結婚の宴が準備されようとしていた。その時、宮殿へ娘のハーミアを告訴せねばならないと父親が息巻いて公爵に申し出る。ハーミアはディミートリアスと結婚すべきなのにライサンダーという男に心惑わされているからだ。またヘレナという女性はディミートリアスに惚れている。森の妖精の世界では、妖精の王オベロンと妖精の女王タイターニアは不仲だった。ベルティネの前夜、そのオベロンが仕かけた惚れ薬を、パックが、森に入ってきた二組の男女の瞼《まぶた》に滴《した》らせて、本来は好きではない異性に惚れこむようにさせる。のみならず妖精の女王タイターニアも、ロバの頭に変身させられた織工の男を愛してしまう（図3-5）。

ベルティネのイヴが明け、五月一日に昇ってくる夏＝太陽のエネルギーに促されて、人間も愛欲のエネルギーを始動させる。しかしこのエロス的カオスの後に、最後は「正しいカップル」に収まって、めでたしの結末となる。

シェイクスピアがこの夜から夜明けの「森」を選んだのは、真夏へ向かう太陽のエネルギーが動き出すことを祝う五月祭の起源、「ベルティネ」の意味を熟知していたからであった。民衆も伝統暦の「知」をもって、この劇を味わった。むしろ「サウィン」の季節と同じように民衆が実感する死生観、生命観に向けて、それを前提に、放たれた名作といえる。

図3-5　妖精の女王タイターニアとロバ、映画『真夏の夜の夢』より

戯曲『真夏の夜の夢』は男女の恋や情熱を寿ぎつつ、「サウィン」から「ベルティネ」への「闇の半年」を生き抜いた共同体、その「光の半年」への通過儀礼として描かれているといってもよいだろう。メイ・デーの前夜の混乱。しかし朝には自然界も人間界もバランスをとり戻し「豊饒の夏」がスタートするという、長い伝統社会の信仰に添って作劇されている。そのプロットこそが夏の生命の横溢を願う「ベルティネ／五月祭」の意味を表象しているのである。「混乱から秩序へ」の原理は、

冬の始まる「サウィン／ハロウィン」と、夏の始まるこの夜と夜明けで実現するのだ。
では、その舞台の「森」に、私たちも今宵、潜入してみよう。

†「五月の木」と「メイポール」

「ベルティネ」の祭日に祈られるのは、人間の命を支える動物、植物、鉱物が、太陽のエネルギーによって順調に成長することである。「森」は、その祈りの象徴的拠点となった。森林の豊かな自然環境にある諸民族にとって、「森」の緑滴る樹木は「聖なるもの」であった。ケルト、ゲルマン、スラヴ、ラテンなどの文化では異教時代以来「聖なる森」が崇められてきた。

「ネメトン」というケルト語は「聖なる森」の意味で、樫や楢《なら》や橅《ぶな》などの聖樹が生える聖域を指していた。アイルランドでは「ネメド／フィドネメド」とも呼ばれ、ヨーロッパや中東まで各地に類似の地名がみられる。東方では、ケルトの一派ガラティア人がいた現トルコのアンカラ近傍に、ギリシアのストラボンが『地理誌』でも伝えた「ドルネメトン」がある。スコットランドには真ん中の聖所を意味する「ネディオネメトン」、フランスでは現ナンテールの古名は「ネメトドルム」だった。イギリスの考古学・歴史学者スチュアート・ピゴットが名著『ドルイド』（邦題『ケルトの賢者「ドルイド」』）で記したように、スペインの「ネメトブリガ」には女神ブリギッド（第二章参照）の名と共に組み込まれている。フランス西部のケルト文化圏ブルターニュのブロセリアンドの森は、アーサー王伝説の魔法使いマーリンを閉じ込めた妖精ニミュエにまつわる「ネメト」であると伝えられる。

しかし中世キリスト教徒からみると、この「聖なる森」は、切り倒すべき邪教の森とみなされた。そもそも聖書は異教時代の森について厳しい言葉を連ねている。初期キリスト教時代、八世紀、フランク王国で布教したボニファティウスは、ドルイドの聖なる森があったブリタニアから大陸へ赴いた人だが、ゲルマンのガイスマーで、異教の木を切り倒し、宣教活動を続けた。このことはドイツ人なら誰でも知っている歴史的「事件」だった。

図3－6　「五月の木」を広場に立てる

しかし民間では「森」は生き残った。中世を経て近代へ「ベルティネ／五月祭」は続き、この祭になくてはならない、青々とした緑滴る「聖樹」が崇められてきた。それが「五月の木」や「五月の柱」と呼ばれるものである（図3－6）。まさにシェイクスピアの戯曲に描かれている通り、人々は「五月一日の前夜」に森に入って行く。丈の高い木を選び、枝葉を花で飾り、森から運び出し、それを「五月の柱＝メイポール」として、広場に立てるのだ。木や枝葉は家にも持ち帰り、戸口などにも飾るし、日本の正月の門松のように立てもする。そして若者たちは「五月の木」を担いで家々を廻って、夏の到来を祝うのである。

近代スコットランドの社会人類学者、J・G・フレイザー（一八五四―一九四一年）は、十九世紀末、ヨーロッパ各地の五月祭における「樹木信仰」の資料を収集し、『金枝篇』（初版一八九〇年・第二版一九〇〇年・決定版一九一一―一五年）にまとめた。その儀礼・祭事は現在もヨーロッパ各地で続いている。フレイザーは、イタリアのネミの「祭司王」が植物の精霊として、季節の変わり目に殺され、新しい祭司王が誕生するというテーマを得たことがそもそもの出発点となり、その研究は、インド＝ヨーロッパ語族に貫かれた基層の植物信仰を解き明かした。フレイザーの方法には直観的なところがあるとされるが、十九世紀末から二十世紀初頭当時は、まだまだ各国各地で盛んであった祭の未整理な民俗誌の断片を結び付け、ヨーロッパの基層文化の「植物信仰」を解釈した功績は大きい。五月祭の民俗誌を実に豊富に紹介し、森へ遊行する慣習や、そこでの若い男女の交流までが記されている。

「聖なる樹木」「植物の精霊」に焦点を当てた記述の部分は、その現場でみているかのような描写が続く。イングランドでは「五月祭の宵に各家庭は戸口に緑の灌木を立て、牧場にいっぱい咲く黄色の花を振りかける。木材の豊富な田舎では、すらりとしてまっすぐな木を高々と立て上げ、一年中そうしておく（以上はピアーズ卿の『ウェストマース記』に書かれたもの）。ノーザンプトンシャーでは十から十五フィートぐらいの若木を家々の前に植え込んで、そこで成長しているかのようにつくる」。あるいはケルト文化圏の「コーンウォール地方に残っている古代の慣習のなかには、五月一日に扉や玄関を」緑の小枝で飾ったりする。

「五月の柱＝メイポール」掲揚の慣わしは、ロシアからアイルランドまでヨーロッパの各地にみられ、木の天辺《てっぺん》には、太陽の陽光のシンボルとして色とりどりのリボンを結んで下げ、白い衣を着た若い女性たちがリボンの端を持ち、ポールの周りを踊りながら廻った（図3-7）。彼女たちは「太陽の花嫁」であり、代表者は「五月の女王」として選ばれる。

「花環」も重要なシンボルだ。フランスでは、早朝に若者たちが角笛など鳴り物入りで森に入り、木の枝を折り、花々で作った環を掛けた。今度は乙女たちが、「隊を組んで両手に花環をささげ」「歌いながら家々を廻り歩く」。「これと同じような習慣はイングランドの各地方でもおこなわれていたし、実際に今でもなお

図3-7　「メイポール」の踊り

おこなわれている」ことなどをフレイザーは紹介している。「アイルランドのある地方ではナナカマドとリュウキンカで巻き、中に二つの玉を吊るした環」を作る。「時として金と銀の紙で包んだ」飾りは元来、「太陽と月を表象」するものだった（図3-8）。

またフランス東部のヴォージュ山脈では、五月の第一日曜日に娘たちが「五月を讃える歌」を歌う。アルザス地方のサヴェルヌ村付近では、隊列をつくり「五月の木」をかついで、大きな籠にタマゴやベーコンをもらいながら行く。ロシアでは「樺の若木を伐って、それに女の衣服を着せたり、色とりどりの細ぎれやリボンで飾ったりする」。スウェーデンでも「五月祭の宵に、葉の出揃った、あるいは葉の出た樺の若い枝の束を、めいめいが持って歩き回る」（フレイザー『金枝篇（二）』第十章）。

図3-8　クレイン「五月祭の花綱」

ケルトの「四つの季節祭」が天の運行に添って、闇の「サウィン」から始まり、春の「インボルク」を経て、いよいよ大自然のエネルギーの頂点へと向かい、「ベルティネ／五月祭」において、老若男女、共同体が一体になって、緑の生命を運び出してくるのがわかる。この特別な祭では「聖なるもの」を「自然界＝森＝異界」から「人間界＝町村＝現世」へ移動させ、掲揚することが許されたのであった。

†陽気の森のエロス

生命体である樹木を運び出すその祭は、シェイクスピアが強調した通り、男女が開放的に交流、交歓できる、夏の最初を期す日となった。「ルーナサ／ラマス」（第四章参照）の収穫祭での「お見合い」の慣わしに似て、共同体の産出力を、若者や乙女たちが盛り上げ、それを象徴するという、重要な役割も負っていた。フレイザーの『金枝篇』にはたくさんの恋の歌垣《うたがき》のような歌がちりばめられている。「君がため麗しき花環をここにもち来ぬ」と、若者たちは歌い、森から村へと急いだ。

しかし、さらに夏の始まりの「陽気」は、おとなしくしていない。高揚は一気に上昇する。タイターニアとロバ男の情熱のごとく、キリスト教会からみればご法度であることも、森でなら解禁されただろう。前夜や早朝から男女が大勢で森に入って、おそらく、あるカップルたちはそこで過ごした。シェイクスピアも驚くだろうが、一五八三年に遡る記録では、「若者、乙女、老人、人妻、すべての者たちが一晩中、林や森や山を遊び歩き、うち揃って夜を明かす」。その遊びの支配者は「サタン」であって、牛や「五月の棒」を花や

図3-9　サーン・アバスの男根を立てる巨人像

緑の小枝で飾り、大勢で踊って、果ては百人にものぼる乙女の内、「元のままの清い身体で戻ってくるのは、せいぜい三分の一」ほどであった。森で早々と花々で飾る「五月の棒」は、教会や統治者からみれば「鼻もちならぬ偶像」であった。棒は男性の「ファロス」を表しているとみなされたからである（フレイザー：前掲書）。

ちなみにブリタニア（現ドーセット）には、ローマン・ブリテン時代の紀元二世紀ごろに、泥炭層の下にある白亜層に掘り込まれた、「サーン・アバス」の五十五メートルの地上絵の巨人像がある。十三世紀には「ヘリス」と呼ばれて、古典図像のヘラクレスに似て棍棒を掲げ、「ファロス」を衝き立てている。キリスト教会からは邪悪な異教のものとされたにもかかわらず、民間では「ベルティネ／五月祭」に、像の近くにメイポールを立て、強力となる太陽の力を寿ぎ豊饒を祈る儀礼をおこなってきた。このシンボルは漲《みなぎ》る自然の生命力を表し、豊饒を祈願するものだったことは明らかだろう（図3-9）。この日に沸き上がる熱と「光の半年」のスタート。夏の生命の祭「ベルティネ／五月祭」はそうした奥深い、高揚のミスティシズム、秘儀を孕んでいた。そしてこの陽気の高揚は、人間がもつ、さらに深い大自然の変化への直観に根ざしていた。

フレイザーの『金枝篇』に紹介されている若者たちの歌が印象的である。「われら村から死を追い出し、夏を村の中へ迎え入れる」と歌っているのだ（フレイザー：前掲書）。これはケルトの暦に刻まれたように、「ベルティネ／五月祭」とは、十月三十一日の夜から続いた「闇の半年」＝「死の季節」が、ほんとうにようやく、「明ける」日であるという実感を伝えている。「サウィン」と「ベルティネ」すなわち「闇」と「光」は、回転扉のあちらとこちらで背中合わせになっていて、ベルティネの森の朝に「反転する」と信じられた。それがケルトの暦「ベルティネ」の始原にあった実感であり、知であったのである。

ここで「闇と光」「陰気と陽気」の反転といえば、アメリカの作家、ナザニエル・ホーソンの短編「メリーマウントのメイポール」（『トワイス・トールド・テイルズ』所収、一八三二年）で、五月祭に若い男女が結婚式を挙げ、柱の周りで踊るのを、堅物なピューリタンが阻止したという物語が思い起こされる。ホーソンはアメリカの初期入植共同体のモラルをこの作品でテーマとしたかにみえる。が、彼の思惟はより深く、「五月祭の伝統」を尊んだ地元の男女の側を「陽気」、清教徒側を「陰気」のメタファーとしてどちらをも照らし出した。どちらかの肩をもつことなく、さすがのホーソンは、アメリカの精神として「均衡」が肝心であることを説こうとする。が、この両者はメタファーであって、「ベルティネの光」は、常に天の運行において「サウィンの闇」の引力と引き合っていることを暗示している。

闇の引力を突破するドラマが、四月三十日の夜の森から発揮されていく。そういえば十九世紀の夜明け前、フランス革命で、フランス全土から、革命の「五月の木」を担いで、バスチーユに向かって行進したという実話と逸話は、その長いヨーロッパの「ベルティネ／五月祭」の慣わしの上に立った「民衆の行動」だったことを思い起こさせる。だからそれは「生命の木」であり、「自由の木」と呼ばれたのである。

闇を追い抜くように、シェイクスピアの恋人たちのように、悪戯な妖精パックの陽気と妖気の笑い声をバックにして、古く弱くなった樹木を、新しく、強い樹木に交換して、前進するエネルギー、生命力と精神が沸き立つ。「ベルティネ」には、樹木から緑滴る、生死反転のメタファーが満載である。私たちはさらにその表象の森に分け入って行く。

†「グリーン・マン」と「オーク」の木

フレイザーの『金枝篇』が示したようなインド＝ヨーロッパ語族のみならず、世界の諸民族の事例でも、「樹木」は、「植物精霊」の信仰と結び付いている。さらに「常緑の木」や「緑の枝葉」への崇拝は具体的な美術や物語に表されてきた。ではヨーロッパ、ケルト文化においては、具体的にどのような表現史があるのだろうか。

ヨーロッパの中世キリスト教の聖堂の柱頭や天井を仰ぎみると、キリスト教にはおよそふさわしくないような、「グリーン・マン＝緑葉の男」の浮き彫り《レリーフ》に遭遇することがある。キリスト教の図像でも樹木の枝葉を、尊いイエス・キリストやユダヤ（イスラエル）民族の系図に用いて表現した「キリストの系図」や「エッサイの木」などがある。しかし異教由来の「グリーン・マン」は、全身緑色の野生そのものとして表現されている。これをキリスト教的に読み替えて、神が創造した「生きとし生けるもの」の一員として表現したと考えられている。また為政者は自然から学ばれる「秩序」や「法」の寓意としたのかもしれない（図3-10）。

ただしそのような読み替えが可能としても、「グリーン・マン」はとても異形だ。とくに緑の濃い、深い森を環境としている北ヨーロッパでは、このドイツの大聖堂の作例のように、顔全部が、みごとに緑の葉っぱである。民衆は教会のなかであってもこの図像に、夏の森に現れる旺盛な緑滴る荒ぶる精霊《スピリット》を想像しただろう。

図3-10「グリーン・マン」バンベルク大聖堂、ドイツ

「グリーン・マン」の観念やイメージや儀礼は、フレイザーが『金枝篇』に書いた通り、「ユーロ＝アジア世界」のウラル山脈以西のヨーロッパの領域に

広がっており、スラヴ語、ゲルマン語、ケルト語、ラテン語圏の各地に「樹木の精霊」として伝わっている。「グリーン・マン」とともに、「緑のジョージ」の伝統的キャラクターもいる。ロシアでは聖ゲオルギウス崇拝で、とくにゲオルギウス（英語でジョージ）の名を冠して親しみを表した「緑のゲオルギウス」がいて、これは古層の樹木信仰に遡る民俗的なスピリットといわれる。シェイクスピアの『真夏の夜の夢』の森一番の悪戯者パックは、その機敏でユーモラスな身のこなしからして、それに連なるアイドルといえるだろう。「グリーン・マン」をよくみてみよう。その「緑葉」は「オーク」の葉で表現されている。オーク（ブナ科コナラ属の総称、ラテン語学名はクエルクス）は、ヨーロッパ各地に分布する。オークの木は、インド＝ヨーロッパ語族にとっての筆頭の「聖なる木」であった。緑の葉、丈の高さ、繁茂の豊かさ、艶《つや》のあるドングリの実。ドングリは、ケルトの聖獣である「猪」を太らす最たる栄養源である。葉の表面が光り、縁がぎざぎざの鋸歯をもつものが多く、晩春から初夏に花を咲かせる（本書はオークの象徴性を扱う箇所では伝統的な訳語の「樫」の表記を用いている）。フレイザーの『金枝篇』や関連する論考には、インド＝ヨーロッパ語族の聖なるオークの木の神話や儀礼までが詳しく述べられている。古代ローマから、スラヴ、ゲルマン、そしてその神話や歴史資料が豊富なケルト文化の樹木崇拝伝承は要となるものである。古代ローマのプリニウスの『博物誌』（十六巻二四九―二五一）には、ケルトの祭司のドルイドが、万能薬である宿木《やどりぎ》を切る儀礼をおこなっていたという記述があり、その多くはオークの木に宿った。中世のアイルランドでは聖ブリギッドがオークの木の聖地に教会を建て、この聖なる樹木は、どの異民族の侵入者によっても倒されることはなかったという。その言い伝えは、樹木とケルト文化の結び付きに関して、最もよく知られている事柄だろう。フレイザーはケンブリッジ大学でおこなった講演録（一九〇五年刊の『王権の呪術的起源』）において、アイルランドの聖人、聖コルンバが「デリーとダロウに礎《いしずえ》を置いた修道院は、オークの木の森の中に建てられ」、デリーで「この美しい木々を切り倒さず、後継者たちにもこれを固く禁じ」たこと、そしてスコットランドのアイオナに渡ってからは「彼の魂はアイルランドのオークの木の森ですごした若き日々の住処をこがれ」、次のような情熱の詩を書いたことを紹介している。

エリン〔アイルランド〕の国にありて　ひたすらに愛《いと》し（中略）
デリー　デリー　ああ小さきオークの木の杜
我が住処　我が故郷《ふるさと》　そして我がいおり

「デリー」は「ダロウ」とともに異教時代からその地名が示す通り、オークの森の聖地で

図3–11　柊の緑葉と赤い実

あった。フレイザーはこれら中世アイルランドの聖人とオークの木の聖所の関係を、「ケルト復興」期の著述から豊富に引用しており、この詩はダグラス・ハイドの『アイルランド文学史』（一八九九年）から、聖ブリギッドに関しては『ケルト批評』（一八七九—八〇年）などを大いに参照した。

　インド＝ヨーロッパ語族にとって「オーク」の旺盛な緑葉の繁茂は、「グリーン・マン」の顔を被い、また「緑のジョージ」、あるいはまたイングランドの「五月祭」に躍《おど》り出てくる全身緑色の「緑葉の男」たちによって、夏の生命を象徴してきた。それはヨーロッパにおける樹木信仰の筆頭であった。しかしここで、私たちは「サウィン／ハロウィン」から一年を廻っていく「暦」を思うとき、「オーク」とは反対の季節に活躍する、もうひとつの緑の木を想起することになる。

†「樫の王」と「柊の王」の戦いと循環

　それは「柊《ひいらぎ》」である（図3–11）。「柊の木 *holly*」もヨーロッパの聖なる緑の木であり続けてきた。英語で「聖なる *holy*」に通じ、ドイツ語の「洞窟 *Höhel*」に関係しているともいわれ、意味深長である。漢字でも「木」偏に「冬」と書く。ユーロ＝アジア世界を貫いて神聖視されてきた「柊」は、ヨーロッパの人々も「冬至」に飾り、常緑のものは「夏至」にも飾ってきた。民間の季節祭に欠かせない木だが、キリスト教時代に入った五六三年のポルトガルのブラカラ（現ブラガ）での宗教会議では、これを拝み飾ることは、異教の慣わしとして禁じられた。それでもこの樹木を神聖視する慣習は絶えるはずもなく、密かに続いて、結果的には、「冬至」とそれに寄り添って生まれた祭日「クリスマス」に欠かせない冬の緑となった（図3-12）。

そしてここに浮上するのが、季節の循環をみつめ、「樫の王」と「柊の王」を「夏の勢力と冬の勢力」の象徴と見立てた民俗信仰である。樹木の精霊が、大自然の周期を体現する。しかし二つの木は一方が他方を打ち負かすという、現代人が陥りやすい二項対立では

図3-12 「樫の王」（上）と「柊の王」（下）

図3-13　「樫」と「柊」の王の戦い

なく、「生命循環」のモデルとして、陰と陽の二つの季節の間の「バランスを取り戻す」ドラマである。勝利と敗北は常に均衡へと立ち上がり、「再生」が、四つの季節祭のサイクルで繰り返されるのである（図3-13）。

①「サウィン」に「柊の王」が「樫の王」を倒す
（「サウィン」から冬至の季節に「柊の王」が「樫の王」を支配）
②「インボルク」に「樫の王」が盛り返し、「柊の王」が弱まる
（春分に「樫の王」と「柊の王」が均衡を保つ）
③「ベルティネ」に「樫の王」が「柊の王」を倒す
（「ベルティネ」から夏至に「樫の王」が「柊の王」を支配）
④「ルーナサ」に「柊の王」が盛り返し、「樫の王」が弱まる
（秋分に「柊の王」と「樫の王」が均衡を保つ）

「柊の王」は成熟している老王、「樫の王」は若い王としてイメージされている。「サウィン」では冬の始まりに「樫の王」は打ち負かされるが、夏の「ベルティネ」から半年も勢力を保ってきた若き樫の王は根絶やしにはされない。老練の「柊」に完全に負けることは

なく、春の「インボルク」には盛り返し、夏の「ベルティネ」には最強となって盛りの夏を謳歌する。

重要なことはこの循環は閉じられた「円」に戻る繰り返しではないということ。ケルトの思考は「螺旋《らせん》」にある。「ベルティネ」から半年が廻ると、「柊の王」が「サウィン」の始まりにおいて「樫の王」を倒す。しかし可能性に満ちる若き王はまた盛り返して、春夏に向かう。しかし経験豊かな「柊」も、まだまだその緑葉と赤い実を濃くしていくのだ。

†アーサー王伝説「緑の騎士」のメタファー

私たちは、この自然界の聖樹の螺旋的循環を、何か別の伝説で読んだことがなかっただろうか。そう、それはケルトの神話伝説の白眉、アーサー王伝説にある「サー・ガウェインと緑の騎士」である。そのエピソードは、季節の周期に添って生・死・再生を繰り返す樹木の神話的観念を反映させているのではないか。

「サー・ガウェインと緑の騎士」では、クリスマスの日、アーサー王の宮殿に、「緑の騎士」が現れる。緑滴る巨人のような男は、唐突に、アーサー王の騎士の一人であるサー・ガウェインに、お互いが首を突き出して相手に斬らせるという挑戦を、半ば強制する。「緑の騎士」が自分の首を差し出したので、ガウェインはそれを一刀両断する。しかしなんと「緑の騎士」は、事もなげに自分の首を拾い上げて、来年のこの時季にガウェインが「緑の聖堂」へ来ること、そして今度はお前の首を私が斬ると言い残して去って行く。一年後、ガウェインは「緑の聖堂」を訪ねようとするがみつからず、ある城に逗留させてもらい饗応を受け、城主が狩りに行った留守中に、妃に誘惑までされるが、ガウェインが礼節をわきまえ大事には至らなかった。

ようやく洞窟のような緑滴る場所をみつけると、そこに「緑の騎士」がおり、約束通りガウェインは自分の首を突き出した。が、「緑の騎士」は、三度目に振り下ろした刀で、かすり傷をガウェインに与えただけであった。実は「緑の騎士」は狩りに出かけていたその城の城主であり、この計画は、アーサー王と騎士たちの度量を験《ため》すために仕組んだことであったこと、城主が不在のときに、妃がガウェインを誘惑したことも計画に含まれていたことであり、自分が「緑の騎士」の姿に変えられているのは妖精のモルガンの魔法によるものだと打ち明けた。ガウェインはそれ以上の饗応は断り、アーサー王の宮廷に戻り、王と騎士たちから称賛されたという（図3-14）。

この物語は、十四世紀後半にイングランドの北西部地方の詩人によって書かれ、挿絵入りの写本も残されているほど、大切にされてきた物語であった。ヨーロッパの宮廷で、アーサー王伝説が楽しまれ広がる時代に当たっている。この物語は表向きには忠誠、勇気、宮廷愛という、アーサー王伝説に主題化されている騎士道のモデルを描いているかのようにみえる。たしかにこの詩人は『真珠』『忍耐』『純潔』の三つについての詩も残している。しかしここで私たちが読み取るべきなのは、同じ肝試しや勇気の称賛の物語を語るにしても、なぜわざわざ「緑の」騎士という存在を主人公の一人に仕立てたのかということである。

既に想像がつくことだが、鍵は二つある。一つはガウェインと「緑の騎士」が出会うのが「クリスマス（から正月にかけて）」の冬至の季節であること。そして彼らは一年後の同じ時期に、「再会」する設定に従わねばならないことである。この時季に再会を呼びかけたのは「緑の騎士」の方であった。すなわちこの騎士とは、冬至、クリスマスの厳冬に「緑」を輝かせる「柊の王」の化身であろう。その挑戦を受けて立ったガウェインは「アーサー王と円卓の騎士団」を代表して、夏の輝きのように威勢を示している「樫の王」を象徴しているのではないだろうか。「首を斬り落とす」とは、樹木が人間によって無残にも伐り倒されること

図3-14　「サー・ガウェインと緑の騎士」、中世の写本挿絵より

のメタファーであり、「勇気をもって首を突き出す」という両者の行為は、聖なる樹木の「誇り」を示す。と共に、より重要なのは、樫や柊という緑滴る樹木は、たとえ伐り倒されたとしても、また次の「周期」を待てば必ずや緑葉を生やす、という「生命循環」のメタファーであることだろう。だから、来年のクリスマスに「再び会おう」と「緑の騎士」はガウェインに告げたのであった。私たちがこの物語を、もっと深く読み込むならば、クリスマスの時季には弱まっている「樫の王」＝ガウェイン（アーサー王と騎士たち）がその困難ななかに勇気をもって世の冬を生き抜くならば、「インボルク」の春を経て、「ベルティネ」の夏を迎えることができる。その時には充分に、クリスマス、冬至の柊と同じように艶やかな緑を付けて、太陽のような夏の勢力をも取り戻すということを、暗示しているのではないだろうか。

ここにおいて、詩人が意図した騎士道は、「サウィン」の冬から「ベルティネ」の夏の「闇の半年」を潜り抜けるように、人間（騎士）もまたその「道」を開くという天の教え（ケルト的には天の運行に従って）、これを成就することを示している。まさにこの物語全体において、「騎士道」と季節祭が対応し循環している。これらのアーサー王伝説は宮廷で吟じられた。「あなた方の旺盛な季節＝大自然は、あなた方＝人間を裏切らず、必ず戻ってくる」、という騎士たちへのエールにもなっていたことだろう。

†緑の妃と「希望」としての緑

しかしここに加える重要なキャラクターがいる。宮廷には女性たちもいた。自然界の植物にも雄しべ、雌しべが存在している。この物語では「緑の騎士」の妻である妃（女性）とガウェイン（男性）の関係が、中世の騎士物語の定石である「騎士と貴婦人」の主題として、挿入されていることを見逃してはならない。

物語のなかで「城主の妃＝緑の騎士の妻」がガウェインを愛の床に誘うが、ガウェインは接吻という贈り物に留めて寝室から引き下がる。ただしそのとき、妃は「緑色の腰帯」を差し出したのであった。彼はそれを謹んで受け取り、懐に秘め隠した。

女性が腰帯を解くことは、愛の徴《しるし》である。と同時に、生殖までを意味する。それは恋人たちのロマンティックでエロティックな、あの「ベルティネ／五月祭」の緑の情熱の森をも思い起こさせる。厳しい冬に男女が交わると稔りの秋に子は生まれる。その生命の循環（つまり巡ってくる未来の生命）も、この「グリーン・ガードル／ベルト」は象徴したと思える。

その腰帯は、ガウェインの手に渡ったが、そもそも妃は「緑の騎士」の妻であり、「緑の騎士」はその腰帯を自分の所有物と考えている。しかし彼女は一夜であってもガウェインを鼓舞する「緑の母神」となった。おそらく妃は騎士であるガウェインに、冬のただなかにも、春や夏の緑葉のような生命に恵まれることもある、あきらめずに騎士よ、進みなさいというメッセージを込めて、「希望としての緑」の隠喩を差し出したのではないだろうか。そうした女性・母性という常緑の力。大自然の摂理を映し出しながら、この物語に重層する「緑のメタファー」の数々が、中世の世に送り出されたのであった。

時を経て、「サー・ガウェインと緑の騎士」というアーサー王伝説の傑作は、現代のエンターテインメント小説にも大きな影響を与えてきた。第一章で触れた十九世紀アメリカの作家ワシントン・アーヴィングの『スケッチブック』(一八二〇年)中の短編に「スリーピー・ホロウの伝説」がある。開拓時代のアメリカ、首を斬られて殺された騎士が復活し、森のなかに現れるという伝説に基づいている。ケイト・キングズバリーの『首なし騎士と五月祭』(一九九四年)では、二十世紀初頭のアメリカのとある村の「五月祭」、メイポールを楽しみに来た宿泊客でいっぱいのホテルで、「首なし事件」は起こる。「首なし騎士」の復活の不思議と驚異は、「ベルティネ/五月祭」前夜のカオスや「サウィン/ハロウィン」のダイナミズムを体現している。「首なし騎士」の題材は人気で、現代アメリカの「ハロウィン」のコスチューム・アイテムとして売られているほどである。

いずれにしてもその源流は、ここまで私たちが検証してきたケルトの想像力にあった。

「ベルティネ／五月祭」の緑の森に復活する聖樹が、蘇《よみがえ》る騎士たちの本性《ネイチャー》であり、「樫の王」と「柊の王」が象徴する大いなる生命循環のドラマは、こうして未来に続いていく。

†ベルティネとワルプルギスの夜——ワルキューレとフェアリーの反対物の一致

私たちは、「ベルティネ」の章で、五月の旺盛な太陽に照らされたケルトとインド＝ヨーロッパ語族の神話的観念にある「太陽崇拝」「植物信仰」「緑の象徴性」の森を駆け抜けてきた。そのなかで最後に残されているテーマが、ケルトの「四つの季節祭」において相照らし合う、「ベルティネ」と「サウィン」の対照性である。

ここでシェイクスピアの『真夏の夜の夢』に戻り、この戯曲が、十九世紀、二十世紀の舞台や映画に影響を与え、その傑作のなかでも、映画化の先駆となったマックス・ラインハルトとウィリアム・ディターレの監督作品『真夏の夜の夢』（一九三五年制作）における、「ハロウィンのようなベルティネ」について検証し、終わることにしたい。

二十世紀前半、第二次世界大戦前に制作されたこの映画はモノクロであるが、「ベルティネ」のイヴの美しい夜の森の輝きが生まれる直前の、暗い妖気を全編で表現した傑作である。夏の始まりの「明るさ」だけを描いたものではなく、大自然の変化が森でカオスを繰り広げ、黒い魔術的なものがうごめく様子を冒頭部でじっくりと表現している。ように

図3-15　ワルキューレ風の妖精、映画『真夏の夜の夢』より

春のインボルクは過ぎて五月になるのに、夜の森は、冬至近くの「ワイルド・ハント」を引きずるかのように、妖精たちが乱舞している。朝焼けとともに、「闇の半年」はみごと「ベルティネ」へと反転するはずが、森には最後の最後まで、闇が退散せずに渦を巻き、観客を不安がらせるのだ。

この要のシーンで、なくてはならない主役たちは、「ベルティネ」の前夜に湧くように現れる「妖精の群れ」である。が、どうみても、その妖精たちは、北欧神話をベースにした十九世紀のワグナーのオペラ『ニーベルングの指環』に出てくる、戦乙女《いくさおとめ》「ワルキューレ」の姿なのである。

戦乙女たるワルキューレの定番のいでたち、兜のヘッド・ドレスは、一目瞭然で、シェイクスピアの『真夏の夜の夢』の森は、暗いゲルマンの森の様相を呈している。ワルキューレとは、死んだ戦士を天上に連れていくために戦場で彼らを「狩る」軍団だ。ゆえに、それは戦士を叱咤激励する「女性」性として、近代のゲルマン民族主義の重要なイメージのコードであった。この映画に現れる妖精軍が、この定番のいでたちであり、現代でもヨーロッパの人々にとっては、そこにゲルマン的なものを敏感に感じ取れる最たるキャラクターなのである（図3-15）。

大群で登場するシーンは、まるで「サウィン／ハロウィン」の夜か「ワイルド・ハント」の嵐なのだ。いかにこの妖精たちが、身体にぴったりと付いた一九三〇年代のアールデコ流行のコスチューム・デザインのシルエットをみせていても、兜がそのキャップ風にデザインされていても、彼女たちが漂うその森は、北方的で、暗く深く、翌朝、「ベルティネ」の太陽で明るくなるとは、とても思えないのである。

この衝撃的な演出の由来は、しかし、以下のように解釈できるように思える。

この映画の監督マックス・ラインハルトは、オーストリア生まれで、撮影現場では英語通訳を通してドイツ語のみで指示を出していた、誇り高いゲルマン文化を背負った人であった。ゲルマンの文化伝統における、五月祭の前夜は、ブリテン島やフランスとは異なり、小さな妖精が白いバレエ衣装を着てふわふわ飛ぶような森ではありえず、魔女たちの森のイメージでなければならなかった。つまりラインハルトたちゲルマン系の人々にとって、『真夏の夜の夢』は、「ワルプルギスの夜」であったのだ。その暗く深い山のイメージはディズニーの『ファンタジア』の「禿山の一夜」のシーンにも影響を与える。

寒さ厳しい、とくにドイツ、オーストリア、バルト海沿岸、北欧では、五月一日の前夜とはブロッケン山で集会を開く魔女の夜でなければならなかった。

ドイツの伝承では「ワルプルギスの夜」に、魔女たちがブロッケン山に集まる。その山では人間や動物の影が、円光とともに山上に浮かび上がるブロッケン現象が起こる。夏の始まりの前夜に大自然の混沌としたエネルギーと、死者たちの霊力が渦巻く。翌朝には燦《さん》然《ぜん》と輝く太陽が出現して、無事に夏が始まってほしいと人々は願った。

「ワルプルギスの夜」のイメージは、十九世紀から二十世紀の文学から交響曲までに刺激を与えた。そこには「サウィン」と響き合う「闇からの再生」が示唆された。ゲーテは『ファウスト』の第一部で取り上げ、ベルリオーズは『幻想交響曲』第五楽章(一八三〇年)を作曲した。『真夏の夜の夢』(一八二六年)を作曲したメンデルスゾーンはカンタータ『最初のワルプルギスの夜』(一八三二年)も作曲した。トーマス・マンの小説『魔の山』(一九二四年)や、最後に「禿山の一夜」を展開するディズニーの『ファンタジア』(一九四〇年)にもこのテーマが登場する。

ゲーテの『ファウスト』第一部でファウストは、メフィストフェレスに「ワルプルギスの夜」の魔女の宴に連れていかれ、かつての恋人マルガレーテ(グレートヒェン)の幻影に出会い、嬰児殺しの罪で投獄されていることを知る。映画『真夏の夜の夢』の芸術も、歴代の「ベルティネ」=「ワルプルギスの夜」のヨーロッパ・イメージに倣っていたのである。

いいかえれば、ラインハルトによって『真夏の夜の夢』に「ワルキューレ風のフェアリー」が登場したことは、偶然の必然であった。ラインハルトは、北方のワルキューレのいでたちを映画に召還したが、はからずも、それは筆者の私見では、ケルトの暦における「サウィンとベルティネ」の「対称性と対照性」をシンボリックに表現することになったからである。

「対称性」とは「サウィンとベルティネ」が「冬と夏」という対角線上の反対側に位置する季節祭であることをいう。しかしまた「対照性」もある。「サウィンとベルティネ」という反対の項は、実は相互に、「冬と夏」「死と生」「闇と光」をそれぞれ受けもつが、その二項を静止させている暦日ではなく、互いにはたらきかけて循環させる関係にあるからだ。「サウィンとベルティネ」は、ケルトの「四つの季節祭」という暦の環を確実に回すための、二つの黄金のノブなのである。両者の間には壁ではなく、四つの季節祭を半周すれば、必ず反転する回転扉が付いている。

この映画の冒頭、フェアリーたちが、「ベルティネ」の前夜祭の森に次々と登場するシーンは、「サウィン／ハロウィン」の夜の墓地の塚から死者たちが次々に起き上がってくる光景に重ねられている。フェアリーの真ん中に立つ妖精の女王タイターニアは、『スリラー』の真ん中で踊るマイケル・ジャクソンと二重写しとなるほどだ（図3-16）。

しかしこれは演出が過剰だからなのではない。ヨーロッパの人々にとって、「ベルティネ」は、単純な夏の到来なのではなく、あの長い一年の半分を占める「サウィン／ハロウィン」から始まった「闇の半年」の道のりを思い出させる。「ベルティネ」は、新生児誕生のプロセスのように力強く「闇の産道」を突破して、生まれいづる太陽が夜を滑り抜けてくる。その朝焼けの生命観を映し出している。「サウィン」の闇は五月一日の前夜まで、森に滞留していたのだ。その扉を開くのは、夜明けに昇る「ベルティネ」の太陽だったのである。

図3-16　妖精の女王と妖精の群れ、映画『真夏の夜の夢』より

†太陽と馬の女神——ウェールズの輝く王子と妃のメタファー

「ベルティネ」に輝き始めるヨーロッパの森に沸き立つ妖気の正体をみてきた。ここで転じて、ベルティネと「動物」との関係に注目して次の季節祭へ進むことにしよう。実はケルトの神話には樹木だけではなく、ベルティネの時季に生命が動き、再生するという物語が、「動物」との結び付きでも語られてきたからである。

インド＝ヨーロッパ語族の神話において、生命力の旺盛な「太陽」は「馬」と象徴的に結び付けられてきた。強力な「馬力」と、艶やかな馬の「精力・繁殖力・豊饒さ」は、「太陽」そのものとして崇拝された。西はケルトから東はインドまで、馬を文明に取り入れたインド＝ヨーロッパ語族の観念では、太陽神が馬車に乗り、太陽そのものを牽引する。ギリシアではヘリオス、ペルシャではミスラ、インドではスーリヤがその役割を果たす。北ヨーロッパにおける最古級の「太陽を引く馬（サン・チャリオット）」像（前一〇〇〇年ごろ、デンマーク国立博物館蔵）は、闇に沈んだ太陽が再び昇ってくるようにとの願い、大いなる「馬力」によって「太陽」を牽引するさまを表した。

ケルトでも馬は輝きと豊饒・多産・生命の輝きのシンボルとして表現されてきた。大陸のガリアでは「馬の女神エポナ」の像や碑文が伝わっている。為政者の墓に埋葬された馬の犠牲《いけにえ》はケルト文化圏の各地で発見され、イングランドでは穀物貯蔵用の竪穴や聖域の祠からも馬の頭蓋骨が発見されている。

馬信仰と太陽信仰は、イングランド、オクスフォードシャーの石灰質の大地に表された、一〇〇メートルもある巨大な地上絵「アッフィントンの白馬」（前一〇〇〇―前八〇〇年ごろ）でも知られる（図3-17）。かつてのバークシャーにあったアビンドン修道院の十一世紀後半の記録にも、ラテン語で「モンス・アルビ・エクウィ（白馬の丘）」と記されており、中世キリスト教の人々にもよく知られていた。「白」は「輝き」の色で、実際その白い線は緑の野に映えて輝くものであった。中世ウェールズの『ハーゲストの赤本』（一三七五—一四二五年）にもアッフィントンの白馬についての言及がある。

そのようなインド＝ヨーロッパ世界の西のエッジを占めるケルトの「馬と太陽」の観念を映し出して、王国を再生する神話がある。高貴な男児が「馬小屋・厩」で発見され、王国を再生する神話がある。ウェールズの『マビノーギ』（第一話）で語られる。プリデリはダヴェッド王の息子として生まれたが、その母親のリアノン自身の手で殺され貪られたとされる。しかしそれは事実無根で、彼女が結婚を拒否した一族からの復讐で、実際は悪鬼が赤子を連れ去ったのであった。「毎年ベルティネのイヴに子馬を産む雌馬」を所有していた別の城主ティルノンが、馬小屋で生まれたばかりの子馬に襲いかかろうとした鉤爪の怪物を退治し、その肢を切り落とすと、傍に赤子プリデリがいるのをみつけ、養子として育てる。成長したプリデリは、最後には実の父母であるダヴェッドの王とリアノン妃に再会、王国を再生させた。

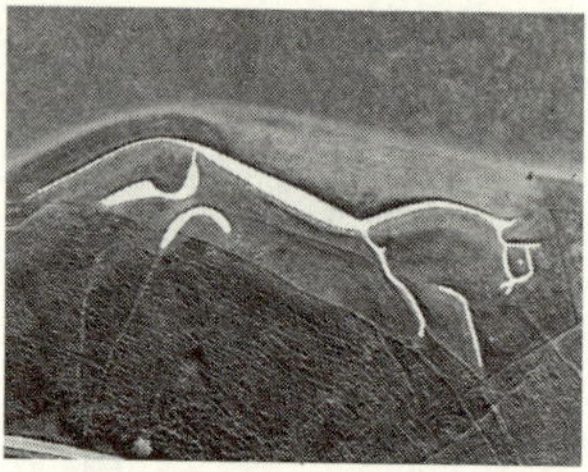
図3-17　アッフィントンの白馬

プリデリが馬小屋の近くで赤子として発見され、養父母からもらった名、「金髪のグリ」も暗示的である。ベルティネのイヴに発見され、出現する子どもは、王国のプリンスであり黄金の髪をしている。それはベルティネの太陽の出現により大地の生命が急成長していくという、太陽の季節を祝福するメタファーになっていると考えられる。

黄金の髪は、ベルティネから勢いを増す夏の太陽の輝きを象徴し、プリデリの母であるリアノンも、かつて王にみそめられたとき、輝くばかりの黄金の綾織りの絹を纏い、白馬に乗っていたという象徴性と響き合っている。プリデリの「馬＝太陽＝貴子」の表象は、この母ゆずりのものであった。「リアノン」は古代ケルトの「エポナ」と比較できる「馬の女神」である。「ベルティネ」にフル回転し始める太陽光を誰も妨げることはできないように、彼女の御する馬には誰も追いつけないのであった（図3-18）。

図3-18　リアノン

こうしてベルティネの太陽は、自然界の死からの再生をしるしてきた。森の闇を払って夏の第一日目に昇る「太陽」は、旺盛に動植物の生命力を促進し、秋の稔りの収穫祭を用意するであろう。

そして私たちはシェイクスピアの『真夏の夜の夢』に戻ってきた。闇から光への交替劇を見守っているのが、森の妖精の王オベロンであった。ラインハルトの映画は、それを「鹿の王」の姿で出現させた。この鹿もまた「再生の

図3-19　鹿の王としてのオベロン、映画『真夏の夜の夢』より

角」をもつケルトの、そしてユーラシアを貫いて共有される生命のシンボルである。森の樹木と同じ重みで崇拝されてきた、自然の精霊のメイン・キャラクターなのである（図3-19）。

「鹿角」は、冬の「サウィン」から力を潜伏させ、春を経て、「ベルティネ」の夏にその「枝」を輝かせる。

第四章

「ルーナサ」秋の祭日
——穀物の「母神」と「収穫祭」

収穫祭の藁人形

†八月一日の収穫祭

日本ではまだ猛暑が続く八月一日。ブリテン諸島には、冬への天の経巡りを兆《きざ》す風が吹き始める。耕地は片付けられ、収穫の名残の積藁が点在する風景のなか、農村には収穫祭がやってくる。

この収穫祭は、アイルランドで「ルーナサ」と呼ばれ、イングランドでは「ラマス」と呼ばれてきた。

「ルーナサ／ラマス」は、ケルトの「四つの季節祭」の最後に控える祭日である。農村では、二月の「インボルク」から始まった労働から解放される。夜にはキャンドルの下、針仕事や読書など「楽しみの時間」が生まれる季節である。

「ルーナサ」の起源。それはアイルランド神話の名だたるダーナ神族の「太陽神ルー（ルーク）」が司る祭で、祭名はその名に由来する。中世アイルランドの『コルマクの語彙集』にも記されており、歴史は古く、先史時代からおこなわれてきたことが知れる。すなわち「ルーナサ *Lughnasadh*」、それはエトネの息子「ルー（ク）*Lugh*」の「ナサ *nasad*」。収穫の季節の始まりに催される、「ルーの大集会」という意味である。アイルランド・ゲール語で「八月」を指す言葉でもあって、近代スコットランド・ゲール語や、マン島語、ウェールズ語、ブルトン語にも対応する言葉がある。

ルー神はとても古い神だ。大陸のケルト史も見渡せば、ガリア（現在のフランス、スイス、ベルギー）でも篤く崇拝されていた。前五一年にガリアを征服したカエサルが「ガリア（ケルト）の最高神」を「ルグス」と記し、考古学的にルグスとみなされる石彫も出土している。わが阿修羅像のように三面で、「生・死・再生」、あるいは「過去・現在・未来」など、何らかの循環的生命観を司っていた（図4-1）。

フランス第二の都市リヨンは、この神の名を語源とする「ルークヌドゥム」と呼ばれる古代ガリアの都だった。カエサルに全ガリアが征服された後、ガロ＝ローマ文化においても「八月一日」に全ガリア統治のための「大集会」がおこなわれていた。ケルトの収穫祭を、ローマ皇帝アウグストゥスが統治に活用したと推測されている。ローマ支配下の政治的結束を支えていた集会が、ガリアの民の収穫期の祭に起源をもっていたのであった。

図4-1　三面の「ルグス神」

今日、アイルランドを中心に島のケルトの伝統に残った「ルー神を祀るルーナサ」は、二〇〇〇年の歴史を数えて、現代にまで伝わってきたことになる。

古代ガリアの青銅板の「コリニーの暦」がケルトの「四つの季節祭」の大元になる考え方を示していたように、「大陸のケルト」文化は、ブリテン諸島の「島のケルト」文化と祭暦によって繋がっている。

一方、この祭日のもう一つの名称である「ラマス」とは、英語（アングロ＝サクソン語）の「一塊のパン（ローフ）」を語源とする。今日の「英語」という言語を話す民族、アングロ＝サクソン人は、既にケルト人が先住していたブリテン諸島に後から侵入した西ゲルマン語派で、ケルトのルーナサ祭に倣って、収穫祭を祝うようになった。アングロ＝サクソン人が大陸から侵入するのは紀元後四〇〇年代。ケルトの言語文化集団はその一〇〇〇年前の、紀元前六〇〇―前三〇〇年ごろにはブリテン諸島に来島していた。大先輩のケルト伝統のルーナサ祭にアングロ＝サクソン人は出会った。後世、生粋のアングロ＝サクソンの劇作家で、「英」文学の泰斗《たいと》シェイクスピアは『ロミオとジュリエット』のなかで、この「ラマス」祭をある重要な鍵として物語に入れ込んでいる。一般民衆もこの季節祭を楽しみ、親しんでいた証《あかし》である。

アイルランドの民俗学者モイラ・マクニールによれば、ルーナサの日は「最初の収穫物」をお供えし、人間のために稔りを摑み取り害虫を追い払ってくださるルー神を寿ぎ、その新しい穀物とコケモモや屠《ほふ》った牛で宴を催す日であった。丘や山にも出かける、「ガーランドの日曜日」や「コケモモの日曜日」あるいは「山の日曜日」そして「腰曲がりの黒主の日曜日」など、ヴァライティ豊かな名で呼ばれてきた。祭の守護神「ルー」の名はいくつかの表記が用いられ、「ルーグ、ルグ（*Lugh, Lug*）」のほか、現代アイルランド語では「ルー（*Lú*）」である。この青年神のイメージは、太陽や穀物の輝く黄金の色と結び付き美しい。ゆえにルー神はアイルランドでもスコットランドでも十九世紀末からの「ケルト復興」のムーヴメントで、よく、美男神として絵画化され、ケルト神話のアポロンとも呼ばれている（図4-2）。

図4－2　ダンカン「妖精の騎士たち」

こうした「ルーナサ／ラマス」の祭とは、あらためてどのような伝統であるのだろうか。その伝統をいかなる自然観や生命観が支えているのか。アイルランドを中心とした神話伝説に触れながら解き明かしてみよう。

✝安堵の季節のカップル

まずこの祭日は、「一年の収穫物を最初にいただく日」である。収穫された最初の小麦で「最初のパン」を焼いて、お供えし、共同体でいただく。したがって今日でも「ルーナサ／ラマス」に特別に焼かれるパンは、穂麦のデザインが特徴だ（図4-3）。

図4-3　ラマス祭のパン

しかし「ルーナサ／ラマス」とは、ただ糧《かて》を獲得した喜びを表現するだけの祭ではなかった。アイルランドでは、「七月は干草を積み、八月には穀物を収穫する」という言い伝えがある。人間はこの季節に農畜産物から確実に命の糧を得て、一年で最も安堵できる季節の入り口に立てることを意味した。共同体の経済、つまりは生命維持の保証を得て「一年の計」が立てられる時が訪れ、とくに農村部では早々と、「ケルトの暦」の一年の終わりで始まりの「サウィン」に先がけて、伝統的な人手の雇用更新もおこなわれた。

しかし「ルーナサ／ラマス」は、そうした自然の恵みからの獲得だけでは終わらない祭であった。来るべき一年と、将来に向けて、耕地や家畜の成長を再び促すためには、「人間そのものの生命力」を準備することが肝要である。それがすなわち若い男女の「お見合い（マッチ・メイキング）」である。お見合いがうまくいくと、両家がお試し期間を設けて相手を見定め、順調なら「サウィン」までに最終決定に持ち込む。

ケルトの暦では、この収穫祭の次に来る「大晦日」が「サウィン」で、人々は準備万端整え、食べ物を育てられない「闇の半年」を迎えねばならない。「ルーナサ」にこそ一族や共同体が連帯し、新しい命の育みを若いカップルに託し、その契りを寿ぎ、飢餓に備えた。イングランドで発行された「ルーナサ/ラマス」の切手には、手前に、溢れんばかりに収穫された小麦や野菜を盛った「豊饒の角（コルヌコピア）」が描かれ、その両側で踊る若い男女が描かれている。未来への希望を背負ったカップルは、「これからの一年」の収穫へ向けて、共同体の「産出力」を象徴し、男性は鎌と刈り入れた穂麦、女性は薔薇の花を持っている（図4-4）。

図4-4　「ラマス祭」の切手

つまり八月一日とその前後の収穫祭は、「収穫後の安堵」のみならず、「次なる一年の新しい生」へと向かい、準備を始める特別の時だった。冬を前にして、静かに窓辺にキャンドルを立てる。その炎は、恵みへの感謝と、来年の収穫への準備を秘めて、温かく揺れる。

†「穂麦の乙女」

私が最初に「ラマス」の収穫祭に遭遇したのは、一九八

図4-5　「穂麦の乙女／女神」

〇年代の初め、ヨークシャーのとある村でのことだった。そこでは生涯忘れられないほどの、印象的な光景と色彩とを目撃することになった。会場には「祭壇」が設けられ、穂麦、カボチャやトウモロコシ、ベリーなど、盛りだくさんの野菜や果物が並べられ、羊の毛を刈る競技もおこなわれていた。まさに「豊饒の角」から溢れ出る品評会に、村人の笑顔がこぼれていた。

　ふと見ると、作物に囲まれて「穂麦」の束の「ヒトガタ」が飾られている。その束は、大いに「異教的」な雰囲気を放って、夏の名残の陽光を浴び、黄金色に輝いていた。私はとっさに日本の「稲穂」の束の神聖な飾りものを思い出した。穂麦の像は、余りの藁の手《て》遊《すさ》びで作られたお人形でないことを知らされた。それは広くヨーロッパの民俗誌で「乙女（メイデン）」と呼ばれる、民間信仰の聖なる豊饒像で、これから子を宿す「処女」であり「母」でもある「穂麦の精霊」の象《かたど》りなのである。それは春の始まりの「インボルク」祭でも予祝として作られるものである（図4-5）。

　思えば一九七〇年代の初頭、十九歳のとき私は「ユーロ＝アジア世界」の民族文明の連なりに憧れ、ユーラシア大陸に初めて足を踏み入れた。その時、まず訪ねたロシアで初めて買ったお土産が、麦藁でできたこの乙女像だったのだ。「乙女」は、金茶色の麦藁の束でできていた。その像とブリテン島の祭で再会したのである。ヨーロッパの民芸品と思われている麦藁人形は、異教時代からの聖像であった。ルーナサ／ラマスが近づくと、人々は麦藁やトウモロコシの葉皮などで作り、窓辺にキャンドルを灯し、各戸の祭壇にも飾って、穀物の収穫に感謝してきたのである。前掲の切手の図像では、若い男女に囲まれ、実に堂々たる像である。風が渡るような、さわさわとした質感を湛え、「穀物の精霊」の顕現を表している。「枯れた藁」ではなく「艶々《つやつや》と輝く命」の色である。「ルーナサ／ラマス」の前夜は、豊饒の「乙女」つまりは穀物を司る「女神」の現れを想う宵となる。

†ジュリエットの誕生日はラマスのイヴ

「ルーナサ／ラマス」の前夜祭といえば、世界文学たる戯曲に興味深い符合がある。シェイクスピアの『ロミオとジュリエット』のジュリエットの誕生日は、なんと「ラマスの前夜（イヴ）」である。これは、とても意味深長だ。第一幕・第三場、キャピュレット夫人がジュリエットに結婚話を告げに来る場面。次に抽出する、夫人と乳母の掛け合いの台詞（拙訳）が披露される。

キャピュレット夫人「娘はやがて十四歳」
乳母「一年数ある月日のなかで、ラマス祭のイヴに、
お嬢様は十四になられます」

原文の「ラマスのイヴ」とは、八月一日のラマス当日の夜のことではなく、もちろんその前夜を指している。「収穫・誕生・出産」などの豊饒のめでたいイメージに包まれわくわくする夜である。「ラマスのイヴ」に「十四歳に達する」とは、西欧キリスト教社会では東洋の元服のように、ジュリエットが若者と恋愛し心身ともに結婚に適齢となることを暗示しているのだ。乳母は、十一年前のラマス祭のイヴ、ジュリエットは誕生日に、よちよち歩きの幼子だったのに、こんなにも成長されたと感動まで表すのである（図4-6）。

図4-6　ジュリエットと乳母、映画『ロミオとジュリエット』より

シェイクスピアも、伝統社会に染み入っていたケルトの祭暦を知っていたにちがいない。この芝居を観たイングランドの当時の観衆は、シェイクスピアが「ラマス祭」において祀られる、豊饒を約束する「乙女」像とジュリエットを重ねていることをイメージできただ

ろう。数あるシェイクスピアの作品中、誕生日の具体的な日月までを表した例はとても珍しい。つまりジュリエットが、文字通り女性として成熟前夜の年齢に達し、稔りの結婚へ、つまり豊饒を約束する「ラマスの乙女」として成長したことを祝おうと、おしゃべりを装って何度も乳母は伝えようとする。あなたのお嬢様は、自分で若者を未来に導く存在となっていくのですと。

これを告げるのが「乳母」であることは、二重に象徴的である。キャピュレット夫人は世俗の「人間界の母親」であるのに対し、乳母はシンボリックにも自然界の「生命の周期」を熟知している「地母神」として、豊饒を約束する乙女をどこまでも守護する存在として、ここに現れている。収穫祭のイヴには、めでたくジュリエットもその心身に達する。どの祭でも「イヴ」とは翌日の祭当日に飽和する生命への最後の上昇の時なのだ。

だから今日も、豊饒の「乙女」像は、現代の「ハッピー・ラマス」や「ハッピー・ルーナサ」のお祝いのカードの図像でも、大いに健在である。カードにはビールやパンやハムなど収穫物のご馳走と、穀物を成長させる太陽が描かれ、真ん中に「乙女」が祀られている。ジュリエットの誕生日にもこれらのご馳走が並んだことだろう（図4-7）。

図4－7　「ハッピー・ラマス」祭のお祝いのカード

†「穂麦の聖母」——黄金の穂の意味

さてここで実際の収穫祭の会場に戻ることにしよう。私は、この乙女に似て黄金色の穂麦に囲まれている「以前どこかで会った姉妹のようなもう一人の女性」を思い出していた。

ヨーロッパを旅すると聖堂や美術館で「穂麦の聖母」という図像に出会う。「穂麦」という象徴はフォークアートだけにみられるのではない。キリスト教の聖書と、それ以前からの農耕社会における豊饒祈願が、幸福に結び付いた絵がある。とくにドイツ語文化圏では、ルネサンス美術が高まっていく一四〇〇年代に、「ザルツブルクの画家」の「穂麦の聖母」などの名作がみられる。青い衣に黄金に輝く穂麦が降り注ぐような文様。金糸で刺繍されたそれは、マリアの美しい金髪と競うほどに金色に光っている。これは「ルーナサ／ラマス」の麦藁の「乙女」と関係のある主題ではないだろうか（図4-8）。

「マリア」と「穂麦」が結び付く理由には、キリスト教の初代教父による「種なくして稔りをもたらす神の畝《うね》」というテキストが図像化されたという説があり、神のスペルマによって懐妊するマリアは、天から降り注いだ恩寵によって処女のままイエスを身ごもった。

純潔の聖母を讃えて、神の畑、「畝としての母胎」を祝福するのである。しかしこの「穂麦の聖母」は、典型的な「マリア像」に親しんできた人たちにとっては、異教的に感じられる。「穂麦」が、控えめな背景ではなく、処女マリアの衣に宿り、「主人公」として描かれているからだ。超越的な天の頂《トップ》よりも、その天から授かった種を地に孕み、育て、収穫へと導く、農耕の大地の基底《ボトム》の営みが、そこには暗示されている。マリアという「大地の畝」に宿って稔った命は、黄金色の「穂麦文様」となって「光の子イエス」を示唆し、降誕する生命を民衆に実感させた。伝統社会の人々には「処女／乙女」であるマリアに穀物の稔りをもたらすスピリットが宿っているようにみえる。

　農耕文明史に眼を向ければ、「穂麦文様」は、オリエントを起源としヨーロッパにも定着したシンボルで、枯渇しない「産出力」の象徴であった。最古の文様の一つは農耕発生のオリエントに近い、バルカン半島から現在の東欧、そしてウクライナ地方までの「古ヨーロッパ文明」にみられる。日本の縄文時代にもあるように、前五〇〇〇年ごろまでには、土で焼

図4-8　ザルツブルクの画家「穂麦の聖母」

き締めた「大地母神」の土偶に、「穀粒」を押圧して豊饒を祈願した土偶像のタイプが早々と作られていた。

　そうした「穂麦」の象徴性は、麦と人間の古くて長い歴史も映し出す。メソポタミアを起源として前三〇〇〇年ごろ、ヨーロッパやアフリカへ伝わり、キリスト教の聖書（「創世記」や「ヨハネ福音書」など）でも共有されてきた。なお麦栽培は東漸して中国に紀元一世紀には伝わるが、本格的には西域の「胡《こ》」の人々の食物として唐時代に広まった。ヨーロッパでは最初お粥として食べていた麦も、製粉技術の普及とともにパンやビスケットとして焼かれるに至った。麦文明圏の人々にとって命の源であり、豊かさ・富のシンボルとして、共同体や国の「繁栄」への願いを表し、民間で用いられる聖なる装飾として、長い時間をかけて表されてきたのだ。

　それは神話ともなり、古ヨーロッパの農耕社会（その源としてのアナトリア、トルコ西部）からギリシア文化に達し、穀物の母娘「デメテルとペルセポネ」崇拝に変容した。地中海世界の古典古代には収穫の七月半ばと収穫後の十月半ばにデメテルの祭があった。母と同じ役割を担った娘は、冥界の王に連れ去られて、その地下世界で豊饒のシンボルたるザクロを食べてしまったため、一年の半分か三分の一だけ地上に戻れる運命となった。いずれにしても、これらの「麦の文明」の人々は「稲の文明」の人々同様に大自然との交流がなければ生命維持がままならない農耕文明を築いてきた。収穫の後に残る「麦藁」。それこそは「次の収穫を約束する光の束」と考えられて、産む「乙女」を造形し、次の一年を育む「太陽」と結び付けられたのであった（いかにもルーナサを司るルー神は「太陽神」である）。

つまり「穂麦の聖母」というキリスト教の図像の源には、農耕文明に築かれた、穂麦や穀粒の象徴体系がしっかりと存在していた。「耕作、種まき、育成、収穫」における植物（穀物）と人間の間に交わされる歓びを体現するものなのである。

アイルランドのルーナサ祭の用語が記録された十世紀初頭は、既にキリスト教社会になって久しい時代であった。人々は聖母マリアを崇めつつ、異教以来の収穫祭の「大地母神」とその娘たちである「乙女」の像を親しみを込めて崇めた。

キリスト教社会の土台には遥か先史に遡る古層の自然信仰が生きていた。日本において一粒の稲に稲の神々が宿ると信じられたように、麦の粒には精霊が宿っていることを、民衆は「ルーナサ／ラマス」で実感したことだろう。「麦藁の乙女像」は、「穂麦の乙女（であるマリア）」の背後でキリスト教のイメージも支えたのだった。「乙女」同様、産む大地の「大地母神」の像も、祭のシンボリック・イメージとして復活している（図4-9）。その女神は麦畑の真ん中で黄金色の衣を纏って立ち、豊饒の角を戴き、太陽を背にしている。

図4-9　ルーナサ／ラマス祭の「大地母神」

衣には再生の象徴で、デメテルとペルセポネの古典古代図像にも表現された蛇、背後にはユーロ＝アジアのシャーマニズム由来の「再生の鹿（角）」も従えている。まさに古ヨーロッパのグレート・マザーの再現である。

　私たちは「ルーナサ」祭が、明らかに異教時代に遡る穀物信仰を源としていることと、その女性像のシンボリズムを学んだ。ここからあらためて、アイルランドの「ルーナサ」の起源神話と展開を探っていこう。この祭に名を与えた男神「ルー」と「乙女／母／女神」は、どのように関係していたのか。いよいよその核心に迫ってみよう。

†「ルーナサ」の起源――ルー神が祀った「育ての母親」

　ルー神は、アイルランドの国造りの神話である『アイルランド来寇の書』に登場する「ダーナ神族」の神である。若き戦士、英雄、太陽神で、「長腕のルー」という異名通りさまざまな技芸に通じ、誓いや真実、律法に関係する輝く神であった。産みの母はエトネ、父はキアン、祖父はフィル・ヴォルグ族のバロル（予言通り最後にルーに殺される）。後にルーはアルスターの英雄クーフリンの父となり、クーフリンはルー神の生まれ変わりともいわれる。

アイルランド神話の主役に等しいルー神は、ケルトの古層から連綿と受け継がれてきた「死と再生」をめぐる観念と関係していた。ルー神の名を戴くルーナサは、「前史」を背負って立ち上がった祭で、ゲール語で「オイナハ」（原義は再会）と呼ばれた「葬礼」や「追悼」の大集会を指していた。元は王や王妃、英雄や賢者の「死」に際して全領民が集まっておこなう葬礼の「祭祀」集会のことで、毎年八月一日におこなわれていたということである。

図4-10　今日のテルタウン付近の耕地とブラック・リヴァーの橋（撮影・筆者）

秋の収穫の納めの祭日は、古層では、地縁の「死者」の追悼がなされた祭日であったのである。
「死と収穫」。現代人にとっては二項対立にみえる二面は、アイルランドの「ルーナサ」祭の起源を解き明かす鍵である。その縁起は、まさに次のような「死と再生」の神話に関わるものであった。
首都のダブリンから北へ向かおう。アイルランド東部、レンスター地方のミーズ州には、祭の起こりを印す聖地「テルタウン（タルティン）」がある（図4-10）。十一世紀の国造りの神話『アイルランド来寇の書』によれば、ルー神は「育ての母親」のタルティウに育てられ、この母親が亡くなった時、死を悼み、当地に埋葬し、その埋葬地を母の名によって名づけた。今日、テルタウンの遺跡は破壊されようとしたが、一九九七年に保存が決定された。ブラック・リヴァーの北西にあり、考古学的には二五〇〇年前の鉄器時代に遡る遺構、三重の同心円の「ラース」が発見されている。「ラース」は異界に通じる「妖精塚」や「墓所」といわれてきた。

なぜルーは育ての母親の埋葬を、かくも手厚くおこなったのだろうか。

タルティウはフィル・ヴォルク族最後の王の妃であったが、「黒砦（ラース・ドゥブ）」に棲み、その一帯の荒れ地と森林を開墾して農地を産み、そのために命を使いきり死んでいった。ルー神は彼女の死を悼み、その地に亡骸《なきがら》を埋めた。するとタルティウが産んだ耕作地からは毎年、七月、八月が近づくころ穀物が収穫された。母の「死」が、毎年、穀物の稔りを産出し、息子＝民＝子どもたちを養っていることにほかならない。この「稔り」は「死からの再生」として敬われ、感謝された。それが「ルーナサ＝収穫祭」の起こりであった。

このルー神の母親は人類に糧をもたらす「大地母神」と考えられる。大元の「ルーナサ」は、タルティウを追善し、共同体のまとまりのために法律を公布し、収穫のお祝いをするという三つの機能をもった。ルーナサにおこなわれた葬儀は一―三日かける場合もあり、亡骸はその聖地で燃やされた。「最も偉大な詩人」であるドルイドが、即興で死者の思い出を歌にした。最も偉大なる詩人は王と同じほどの高い地位にあった。

王の主催する大集会は九世紀ごろには一旦衰退するが、収穫祭は続いていった。伝統的な儀礼では、タルティウの穀物を「最初の収穫」として厳かに刈り取り、高い所に供え、その作物をルー神の母の命として埋葬し、捧げ、雄牛を犠牲として、宴でふるまった。ルー神に扮した役者が彫刻された石頭を丘の上に置き、勝利のシンボルとした。若い男女の「お見合い」と試し婚はアイルランド中世のブレホン法にも記載されて、ほぼ一年経過後、うまくいかなかった場合には、二人はタルティンの城壁の所まで歩き、相手の次の一年の幸運を祈り、わだかまりなく別れた。この「タルティン式の結婚」は十三世紀まで合法であった。

†休戦と大集会

歴史的に重要なことは、ルーナサ祭が一年の「収穫の後の農閑期の季節」の始まりであったゆえに、王や族長《おさ》はこの期間には「休戦」したことである。弔う「死の儀礼」と、政治的な「法の儀礼」が無事に済むと、長の号令で日ごろ鍛えた精神と肉体を披露すべく戦

図4-11　近代の「タルティンの競技大会」

士から民衆までが競う競技大会が催された。どの族長の共同体が最強なのか。競走、ハーリング（スティックでボールを打つ伝統競技）、槍投げ、ボクシング、剣闘、アーチェリー、レスリング、水泳、競馬、歌、踊り、物語り、手工芸品の金細工、宝石の職人や武器職人が匠《たくみ》の技を披露する、一年に一度のコンクールの大集会（ナサ）がおこなわれたのである。それは「タルティン（テルタウン）の競技大会」と呼ばれる（図4-11）。土地の王や豪族の勢力争いの場としてもきわめて重要な祭であって、身分にかかわらず、しばしば争いの場ともなった。アイルランドの『四大学者の年代記』（十七世紀前半）には、五三九年の祭では、神と聖キアランの奇跡により罪人が沙汰を受けたこと、男がキアランに嘘の誓いをおこなったため男の首に壊《え》疽《そ》が生じ、聖キアランがその首を切り落としたこと。七一五年には祭がファーガルによって祝われたが、対立により祭を阻止されたこと。八〇六年には開催が認められず、馬も二輪戦車も走らなかったこと。八二五年には敵対したドナハダのコンホバルによる災難で、多くの死者が出てしまったこと。八八七年にはフランによって、また八九四年はジャーミッドによって祝われ、おそらく九一五年には上王によって祭が刷新されたこと。九二五年にも抗争が起こったが神のご加護で大事には至らなかったこと、などが記された。

ルーナサの大集会は、共同体のまとまりを維持する支えとなり、王や族長は誇り高く、逆説的な言い伝えでは、聖パトリックが五世紀半ばタルティンを訪問したが、後にタラの王となる王族が聖人を殺そうとしたので、聖パトリックは、その子孫は滅びると予言し、川や泉の水は黒く変えられたという。しかし聖パトリックのこの戒めの後もルーの育ての母の先史のラースは潰されなかった。その証拠に、同心円形の遺跡の内側には初期キリスト教時代に四つの教会が建てられた跡が発見されている（中世のドナーパトリックの教会のほか、四つめの教会は殉教者に奉献された）。その教会はケルズ町のコルンバ系修道院と関係があった。

タルティウの死からもたらされた豊かな稔りに感謝する祭・大集会ルーナサ。その土台にある「死からの稔り」の観念は、「ハロウィンの起源・サウィン」における、死の世界との交流を途絶えさせないケルトの思想を思い起こさせる。しかし冬に向かうサウィンと違うのは、その季節の色である。ルー神によって民衆に手渡される稔りは、歓びの黄金の色である。穂麦やトウモロコシで作られる「乙女」と「大地母神」が表象してきた穀物の色である。

なおアイルランドには、ルーナサのような大集会がおこなわれた地は、もう一つ伝えられており、「カルマンの縁日」は、「聖ブリギッド」ゆかりのレンスター地方キルデア州の南部でおこなわれてきた。それらはアイルランドの神話・伝説・歴史などを記した『レンスターの書』『バリモートの書』などの古い写本に記されてきた。民俗学者マクニールによれば、その名を残している「カルマン」という女性は「タルティウ」のようには良き母親ではなかったが、自らの埋葬地でオイナハ（追悼の集会）を開いてくれるように遺言したといわれる。なお「タルティンの競技大会」は、十八世紀からの記録も残されており、二十世紀前には キリスト教会の「聖体大会」の影響を受けて再び集会が復活した。

†穀物神としての「息子と母」

話をさらに進めると、「息子ルーと母タルティウ」の神話的組合せは、ケルト神話体系に照らす時、古代ケルトの「若さの神マポノスと母マトロナエ」を想起させる。

このペアはガリアやローマン・ブリテン（ケルトとローマ文化が融合した古代）社会で実際に彫像がつくられ、崇拝されていた神々である。「若さの神のマポノス」と「母マトロナエ」は、生命のペアとして崇拝されてきた。また、それはウェールズの神話の「息子プリデリ」と「母リアノン」（第三章参照）の一対も想起させる。

図4-12　「育ての母親」タルティウ（左）と「息子」のルー神（右）

ルー神と育ての母タルティウを、ケルトのそうした母子のペアに照らしてみる時、「ルーナサ」祭は、生命の産みの苦しみと育みの観念を文字通り孕んだ、母胎と母性への普遍的な畏れ敬いを映し出しているように思える。

「マポノス」（ガリアでは「マポス」）は「偉大なる息子」という意味で、ギリシア神話のアポロンに比べられる。とすれば、アイルランドの太陽神であるルー神は、アポロン神とマポノスの両方の要素を反映させる「偉大なる息子」であると考えることもできるだろう。ではなぜルー神は「偉大なる息子」となったのか（図4-12）。

†産みの母親エトネとルー神

ルー神は、「育ての母」タルティウとの関係が深いが、ルーには「産みの母親」がいた。そして結論からいえば、産みの母も「生命」「収穫」に関係する存在で、母の名は「エトネ」。すなわち「穀物」の意味に由来していた。

エトネは悪神フィル・ヴォルク族の一つ眼の巨人バロルの娘であった。バロルは孫に殺されるという予言を恐れ、娘のエトネをドニゴールの大西洋沖のトーリー島の塔に閉じ込めるが、そこへ、ルーの実父となるキアンが彼女を見つけて交わり三つ子が誕生する。それをバロルは海に投げ捨てたが、ルーだけが幸運にも生き延び、成長したルーは、『アイルランド来寇の書』が伝える「第二のモイトラの戦い」の激戦で、予言通り祖父のバロルの邪眼を撃ち貫いて負かした（第一章参照）。「母」の救済が成就した瞬間であった。

遡れば、祖父バロルが長であった神族フィル・ヴォルグ族は、スペインから三番目に侵入した暗い海の邪神だった。フィル・ヴォルグ族の名が原インド＝ヨーロッパ語源の「邪鬼（**mor-*）」を含むことから、闇に隠れ、隠す性格を暗示していると考えられている。バロルによって一旦塔に隠された母「エトネ＝穀物」の回復を、息子ルーは自らの生還によって証明した。ギリシア神話の穀物の女神ペルセポネの地上への帰還と比較できるかもしれない（ただし、ペルセポネの場合は一年の半分か三分の一しか地上に戻れない）。ここに至り、なぜルーナサ祭がルー神によって催されるのか、深く理解できる。ルーは「穀物の母」を救済することによって、荒れ果てた世の中に秩序をもたらした。産みの母の救済と、育ての母の追善の主催者であることにおいて「偉大なる息子」なのである。

この輝く太陽神、稔りを民に与えるルーは、彼の祖父バロルの闇の性格との対照性を背負っている。神話ではバロルの異常な眼力が何度も強調され、「瞼が被さるほどの強力な眼」は「蛇」の眼を想起させる。ルーはそれを倒してアイルランドの大地から、古い悪神族を駆逐した。「蛇」は神話的「ドラゴン」の元であり、ギリシア神話における「ドラゴンを退治した」アポロン神やペルセウスと、ルー神のおこないは比較できる。バロルを倒したルーは、「ドラゴン（蛇）退治」によって、「母」の豊饒性を絶体絶命から救った英雄の性質を示している。

それでもなお蛇・ドラゴンは、地下や海底という不可視の暗所にいて、幽玄な神秘的側面を、海や茂みに隠して生き残った。それゆえキリスト教時代には「聖パトリックがアイルランドのすべての蛇を追い払った」という聖人伝の逸話が強調されることになった（なお日本の穀物、稲を育てる「田の神」は「蛇」であり日本神話でも英雄が、古い時代の蛇を退治する）。ともかくも青年神ルーは、古い闇の力と戦い、「産みの母親エトネ」と、「育ての母親タルティウ」の難儀や死を乗り越え、アイルランドの民のために耕地と穀物を掴み取り、供給し続けてきた。

ルー神とルーナサ祭に横たわる古層の信仰を通して、私たちがケルト・アイルランドの神話的思考から学ぶものは大きい。近現代人は「収穫」を自然界からの一方的な「獲得」として、喜びを得ることを考えている。しかしルーナサ祭は、生命の土台を準備創造した存在への畏敬である。「サウィン/万霊節」が、先に生きて先に逝った死者たち(祖先)と交流することによって、生かされている人間(私たち)が、生き抜くパワーを授かる祭であるように。ルーナサも、そうした「死と再生」というケルト的生命観によって支えられてきたのではないだろうか。

†最後の収穫に立ち会う「鬼婆」

ルーナサにおいてケルトの「再生」の観念を決定付ける「最終存在」に登場してもらうことにしよう。稔りをもたらすには、それ「以前」の時間において穀物の誕生のための下準備をしておかなければならない。「未来の糧」へ繋がる生命循環を完全なものとするためには、「これからの一年の収穫」を約束する者がいなければならない。

十九世紀末から収集されてきたアイルランドの農村の民間伝承に眼を向けると、その下地を用意する存在が浮き彫りになってくる。研究者マイケル・デイムズ（前掲書）によれば、アイルランドの農村では、収穫期の畑で、「お婆さん」が野良で昼ごはんを食べる。その行為は「産まれた者（穀物）を最初に食べること」を象徴した。アイルランド北部、アントリム州の一九一四年ごろの農村写真では、「お婆さん」つまり「一家のグランドマザー」が、収穫された穂に寄りかかって食べている。老婆は誰よりも先に、収穫期に、最初に命をいただき、共同体の「誕生・死・再生」の循環を最初に体現する「鬼婆（カレフ）」となると考えられた。それはなぜなのか（図4-13）。

図4-13　一家の「鬼婆」としての老女

畑では麦やトウモロコシを収穫すると、藁で案山子《かかし》ほどの大きさの人形が作られ、それを目がけて鎌を放り投げる「藁人形斬り」がおこなわれた。その藁人形こそ「鬼婆」と呼ばれるものであった。藁人形は必ず「収穫の最後の一束」で作られ、祀られた後、「身」を斬られるのだ（図4-14）。

残酷なように聞こえるが、実はこの儀礼は、収穫をもたらしてくれた黄金の穀物に、その役目を終えたことを人間が感謝する意味があり、一年の穀物の育みと刈り取りを完了させる重要な「礼式」であったのだ。

スコットランドとアイルランドでは、穀物の収穫を終わらせた「最初の農家」が作物の最後の穂麦やトウモロコシで「神聖な鬼婆」と呼ばれるフィギュアを作った。

図4-14　藁人形斬りの儀礼

現代社会では共同体の年寄りや一家の老祖父母は隠居すると、横たわって人生を終えるだろう。しかし、ケルト文化圏での「鬼婆」のフォークロアにおいては、老女の死は見送られて終わるのではなく、祖母たる「穀物精霊」の役割を与えられてきた。その「見送り」は、藁人形を「斬る」という行為によって彼女に決定的な「死」をもたらすが、その「死」こそが、来年の稔りを約束する命の種となるとして畏敬されたのである。この「鬼婆」はアイルランドのみならず、スコットランド、マン島の地方でも「神聖なる鬼婆」にして「創造主・祖先神・天候神」として畏敬されてきた。そしてここでもまた私たちは、本書でみてきた「ケルトの暦」のサイクルの最初に置かれる「新生する時空の前夜」である「サウィン／ハロウィン」の死からの「回帰」を想起させられる。

「鬼婆」は天の摂理の観測者なのだ。太陽エネルギーが衰え、厳冬に入るサウィンから始まる「闇の半年」を、収穫の終わりから予兆する。そのために「犠牲」となることを自ら引き受け、「身を斬られる」。そして次なる一年の「穀粒の種」を抱え、冬の地下世界に生きて、来年の収穫への生命的ポテンシャリティを、その懐《ふところ》で守っていくのである。「ルーナサ」の収穫祭が、ルー神の「母の死」の葬送儀礼に起源をもつこと。「鬼婆」信仰・儀礼における「死」はそれを反映しているのではないだろうか。いわば、「鬼婆」は一旦死ぬが、翌年のルーナサ祭に向けて収穫される収穫物という黄金を産む。厳冬の間、ずっと土に包まれて大切に生命の薬莢《やっきょう》、起爆剤を守る。それは「インボルク」の春のついたちに地上に噴出する芽となる。それが青々と繁茂するのが「ベルティネ」の夏のついたちである。「鬼婆」の懐に抱かれた穀物の種、それこそは、死を引き受けた彼女の身そのものである。全アイルランド人、いや全人類のための「糧の種」なのである。

「ルーナサ」とは、ケルトの暦の「光の半年」に成長し結実する「収穫祭」であるばかりではなく、むしろ「鬼婆」がなしてくれる「収穫のための下地作り」が、来る晩秋・冬・早春・夏のイヴまでの「闇の半年」の間に順調になされることを願う集いである。サウィン同様、ルーナサ祭には農耕者の知恵と、再生への認識が秘められている。

†「鬼婆」と「地の力」

そうした「鬼婆」は、今でもアイルランドの民間信仰のいろいろな場所に現れる存在である。

中世アイルランドの詩に「ベアの老婆の嘆き」(九〇〇年ごろ)がある。ベアは五十人の子の里親となり、すべての孫や曾孫は彼女の部族であったという。「鬼婆」は、一年の収穫の周期のみならず、共同体の生命の循環を、身を呈して見守っている大いなる地母(アース・マザー)でもある。ベアはアイルランド南西部のベア半島にその名を記憶させている。

民間信仰では、「山」や「巌」や「崖」など険しい大自然の場所に「鬼婆」は棲み、何万年ものあいだ、ハンマーでその土地のかたちを造形してきたと信じられている。穀物に関わるのみでなく、大地そのもの、とくに険しい自然界の突出したスポットの主なのである。アイルランド西部、クレア州の「モハーの崖」の北崖の「老婆の頭」をはじめ、ブリテン諸島のケルト文化圏の自然には「鬼婆」に関連する名をもつ場所が数多い。モハーの崖は「ユーロ=アジア世界」一万キロの最西端部の崖の一つで、晴れた日にはアラン島が望める。伝説の聖ブレンダンのように、さらに船を漕ぎ出せば、新大陸に着くことを夢見させる断崖であり、それを彼女は見守ってきた（図4-15）。

スコットランドのハイランド地方でも、氷河で切り込まれた湖の場所、ロッホ・オバーなどがそれに当たる。ベン・クルチャチャンでは「鬼婆」は長い一日、鹿を追うことに疲れ、その頂で眠りに落ち、大自然と化し、高地から流れ落ちて谷に氾濫し、最初の川を造形して湖を形成したとして畏敬されてきた。溢れる水や泉は、アイルランドのボイン川の女神にみられるように、ケルト・ゲールの文化に共通するイメージである。「グレン」とは氷河が切り取った険しい渓谷のことで、ハイランド地方をダイナミックに特徴づけ、モルト・ウィスキーの名前にもなっている。それが「鬼婆」の造形した渓谷と信じられている。

図4-15　モハーの崖（撮影・筆者）

アイルランドでは、一九八〇年に、世界遺産のニューグレンジよりも古く紀元前三三〇〇年ごろに遡る「ルークルー」の小山の古墳に四つのケルン（石積）が発見された。ここは「老婆の山」と呼ばれ、伝説では、巨大な老婆がアイルランドを跨いだ時、そのエプロンから巨石が落ちてケルンになった。「鬼婆の椅子」と呼ばれる巨岩が頂にある（図4-16）。一説では、このルークルーにもルー神の育ての母タルティウの墓があるといわれるのは、タ

図４－16　ルークルーの巨岩「鬼婆の椅子」

ルティウがアイルランドに最初の稔りを与えた後、その分身を全土に分け、「鬼婆」として遍在したことを伝えている。恐るべき山や丘や巌は吹雪いているが、「鬼婆」は踏ん張り、稔りなき年が絶対なきように、大地の大きさとなって、防衛している。その証にルークルーでは、春分と秋分に、朝日が死者の古墳に射し込んで温め、季節のつつがない循環を毎年上演しているのである。

とすれば、ここで私たちは、あらためて、「ルーナサ／ラマス」の穂麦は、決して「枯れて消えゆくもの」ではないことを教えられる。最後の収穫の藁で作られるヒトガタは、冬に備えて地下世界でそれを春まで温め大地を見守る母神となる。「闇の半年」の入り口である「サウィン」も、この「鬼婆」に見守られていることに気付かされるだろう。

†ルーナサの巡礼

「母なるものの死と再生」とルーの祭は、ケルトの自然信仰とキリスト教信仰を繋ぎながら大地への感謝を今日まで伝えている。アイルランドにおける「ルーナサ」の慣習は、一年の繁忙期から解放された人々が皆で小山や丘や水辺へ遊山に行く慣習に生きている。人々は泉にも詣でる。最も有名なのは、七月最後の日曜日の「リーク・サンデー」に、大西洋の湾を見下ろす聖パトリックゆかりの山「クロー・パトリック」（メイヨー州）の頂をめざして、数千人が夜中に登り朝日を仰ぐ慣わしである（図4-17）。

図4-17　巡礼地「クロー・パトリック」（撮影・筆者）

この山で四四一年、聖パトリックがキリストの苦行に倣い四十日間断食を敢行したという言い伝えがあり、近代では「クロー・パトリック」へのトレッキングは、キリスト教の慣習と考えられてきた。しかし、この「巡礼」の古層には、異教時代から、ルーナサ祭における「糧を産む大地」への崇敬があった。そもそもこの山の名、古アイルランド語の「クロー」とは、トウモロコシの「干草の山」「干草」「円錐形の積み山」を意味し、そこから「山」「丘」の意味までになった。根源的に穀物を収穫した後の「積藁」を原義にもつ。トウモロコシはヨーロッパに新大陸から入るが、後世ルー神の育ての母親タルティウを表象する農産物となった。

人々は「泉」にも詣で、「川辺」にも集った。「ルーナサ」「インボルク」「ベルティネ」というケルトの祭日に共通して、「泉詣で」がある。健康を祈り、コインやスコットランドではプディングなどを捧げて祈る。これも「土地への畏敬」の要《かなめ》となる慣習である。

ルーナサの時季に人々が登ってきたアイルランド各地の小山や丘について、民俗学者マクニール作成の地図によれば、クロー・パトリックを含めて、「巡礼の山」がアイルランドの東西南北に四つ、歴史的伝説的「大集会」の場所が現テルタウンを含めて二つある。ルーナサ祭がおこなわれてきた場所は、テルタウンを流れるブラック・リヴァーの北方と西部に多い。東南のバロウ川河口に向かう地域にも点在し、聖なる泉は、アイリッシュ海に注ぐ母なるボイン川流域やテルタウンの北東にあって、アイルランドを縦断するシャノン川の西側の地域にはより多く点在している。マクニールによれば、一九六〇年代初頭ごろまでは、丘や川岸に人々が集まり、祭や縁日を開いた場所は、一九五箇所もみとめられたという。それには登山や遊山をした所も含まれているだろう。登ると幸運であるというスポットは、「クロー・パトリック」「チャーチ・マウンテン」「ダウンパトリック・ヘッド」「ノッケイオン」「ドゥラング・ヒル」「ガネイアモア」「ノックフィーリナ」「バーネーンのロック」「カリッククリーク」「アーデリン」そして「キャシェル」である。仲間たちや一年ぶりの帰郷者と再会し、この一年に亡くなった人を偲《しの》ぶ会ともなる。

なお「クロー・パトリック」の山は一万年以上前の氷河期にえぐられた渓谷の上にそそり立ち、クルー湾を見下ろし、湾には三〇〇もの水没した「丘」が小島を成している。大地と海が造形してきたこの山には三十万オンスの黄金が眠っているという。ケルトの自然信仰の「地の底」から、キリスト教の聖パトリックや聖コルンバが説いた唯一神の「天」に、そこは通じている。

†「腰曲がりの黒主」の変容

アメリカへ移住したアイルランド系の人々も七月末に「ルーナサ」を祝ってきた。戯曲『ルーナサのダンス』（一九九八年）が、アイルランド出身のパット・オコナー監督、メリル・ストリープ主演で映画化され、話題になった（図4-18）。またゲール文化を守るムーヴメントのなか、アイルランドの国営TV・ラジオ局、RTEが各地のルーナサ祭を、ライヴで放送している。「ケルト再構築主義（ケルティック・リコンストラクショニスト）」と呼ばれる熱心な人々は、キリスト教以前のケルトの慣習を取り戻す活動のなかで、その時季に「最初の収穫物」を寿ぎ、北米では「ブルーベリーの季節」を祝い、太平洋岸北西部では「ブラックベリー」祭もおこなわれている。これらは現代においても大自然と人間が直に触れ合う時

図4-18　映画『ルーナサのダンス』ポスター

を思い起こさせる行事といってもよいだろう。

いずれにしても「ルーナサ／ラマス」は、ケルトの祭暦のなかで最もその大地の恵みをもたらす「地霊」と触れ合う時であると言い換えることができる。その「地霊」との触れ合いに関して、最後にもう一つ記しておかねばならないことがある。なぜ、ルーナサ祭前後の日曜日が伝統的に「黒の日曜日（ブラック・サンデー）」と称されてきたのか、またそれはなぜ「腰曲がりの黒主の日」といわれてきたのか。なぜ「稔り」が「黒」や「曲がり」に関係するのだろうか。その答えに最後の鍵がある。

ルー神の母親たちの「開墾」と「穀物」の育みを支援し、ひとり地下世界で地味ながら活動する「男の精霊」がいたことを、忘れてはならない。「腰曲がりの黒主」はアイルランドにおける神話と民間信仰の精霊で、「クロム・ドゥブ」といわれ、その前身は「クロム・クルー」という異教の恐ろしい神だった。十二世紀に書かれた『ディンヘンハス（地誌）』によれば、北部アイルランド（現在の北アイルランドとの国境にあるカヴァン州）の「伏し拝みの丘」を「クロム・クルー」という異教神が聖地としていた。十二人の従者に囲まれ、人身供犠を求める恐ろしい「土地の王」として君臨していたが、聖パトリックによって完全に絶滅させられた。この重大事件は当の聖パトリックの伝記にも記されたほど強烈であって、近代アイルランドの神話伝説の復興においてもよく語られてきた存在である。

いかにも「クロム・クルー」は謎めいているが、そのゲール語名から私たちは深い意味を推し量れる。「クロム・クルー」とは、「血まみれ頭」という意味で、人身供犠を要求する血に飢えた異教神である、と同時に「穀物の積藁饅頭」という意味があり、明らかに穀物・穀粒との関連を示唆する。と共に頭部が盛り上がった異形の姿をイメージさせる名前である。「土塚の腰曲がり」や「土塚の頭」という異名において、この神が地下世界で活動していることを伝える。

彼は聖パトリックによって殲滅《せんめつ》させられた後も、変容し、民間の「クロム・ドゥブ＝腰曲がりの黒主」として生き延びていった。スコットランドでも同じ呼び名で残った。

ではなぜ「ルーナサ」に「クロム・ドゥブ＝腰曲がりの黒主」が関わりをもつのだろうか。それは彼が縁の下の力持ちとして地下で働く穀物の精霊であったからである。民俗学者マクニールによると、アイルランドで「クロム・ドゥブ」信仰は、主に北西部のコナハト地方から南西部のマンスター地方（ドニゴール湾からディングル半島まで）の民間で伝えられてきた。十九世紀のマンスター地方の伝承では「稔りの神霊」とされてきた。夏至と秋分の中間にある「八月一日」の収穫の時季が近づくと、収穫されたばかりの小麦が詰まった大きな袋を担いで、アイルランド中に現れたといわれる。その小麦は、縁起物、聖なる贈り物で、「異界」から運ばれてきたものだった。異界とは「地下世界＝大地」である。彼の色が黒いのは、冬の間は地下世界（妖精塚）にいるためで、そこで小麦の粒をみつけているという。

また彼がそもそも「腰曲がりの」と形容されるのは、彼の前身の異教神クロム・クルーが、饅頭のように丸く積み上げられた豊かな積藁をも意味した通り、「腰が曲がって、丸まってみえる」ほど、畑の収穫が豊かであることを暗示している。積藁は、大きく堆《うずたか》く積まれるほど、巨大な頭のように丸く盛り上がる。その姿形を人々は「腰曲がりの黒主」と見たのだろう。そして不思議なことに、彼が私たち日本人に親しい、ある神と、姿も役割も似ているのは偶然だろうか。

日本の「大黒天」、それは七福神の一柱、元はインド＝ヨーロッパ語族のインドにおけるヒンドゥー教のシヴァ神の化身「マハーカーラ」が、インド密教に取り入れられ、大国主のミコトと習合した神である。インドのマハーは「大いなる」、カーラは「黒・暗黒・時間」を意味し、世界を破壊する時、恐ろしい「黒い姿」で現れるという。アイルランドで聖パトリックによって絶滅させられた、地下的なケルトの異教神は、血に飢えたイメージであるところが、マハーカーラと似ている（図4-19）。しかしそれは変容し、地下世界で穀粒を探し守る豊饒の精霊となって、キリスト教時代にもしぶとく生き残り、民間信仰において親しみある愛すべき「黒い姿」の地の精霊となった。

アイルランドというケルト文化圏に起こったこの異教神の変容は、インドから日本へ旅してきた大黒天の変容に通じているように思える。民間信仰の大黒天、大国主の姿は、俗に男根イメージといわれる。が、米俵の上にどっかと座る大黒天は、麦が詰まった袋を担ぐ「腰曲がりの黒主」の姿を彷彿とさせる。西のケルト、東のインドは「インド＝ヨーロッパ語族」として言語文化の一大兄弟であり、神話も観念も響き合って当然である。が、インドからみてさらなる東に、「黒主」の親族が到達していたとしたらそれはまた新たな発見となるだろう（図4-20）。

図4-19 「マハーカーラ」

図4-20 「大黒天」日本銀行・旧一円券

ケルト・アイルランドの「黒主」と日本・民間信仰の「大黒天」は、計り知れない幾世紀を跨いで、「ユーロ＝アジア世界」を一万キロ離れながらも、穂麦と稲穂を揺らしながら、共にルーナサのダンスを踊ってきたのではないだろうか。

図4-21　穂麦の案山子

「ルーナサ／ラマス」祭、「黒い日曜日」には、地下世界で糧を見守る黒主に感謝し、丘の上で人間たちも踊るのである。収穫された麦はその時、最も黄金色に輝く（図4-21）。

第五章

『ケルズの書』

――四つの季節祭を映し出す「生命循環」のアート

『ケルズの書』渦巻く装飾文字の獅子

†ケルトの「ヴァイタリズム」へ

人は「生きとし生けるもの」の一員である。

願わくば、この命が、己ひとりの個体で果てるのではなく、宇宙自然の大いなる「生命の循環」運動に流れ込み、生まれ変われたらと願う人も少なくないことだろう。

「インカーネーション」とは、ラテン語の「肉（カロ）」の「中（イン）」へ実体化することが原義で、宗教では聖なるものが地上に「化肉する」ことを指している。しかし、さらに人間は、「リ・インカーネーション」＝「再生、転生」へも、思いを馳せてきた。

死者は生き返らないと科学は考える。しかし、「サウィン／ハロウィン」は、死者がこの世に戻ってきて、死と生の壁が取り払われて時空が交流し、祖霊や死者からエネルギーをもらえる、一年の終わりにして一年の始まり（大晦日）であった。

古層の観念を色濃く残してきた「ケルト」の神話・伝説は、「生・死」は対立項ではなく交流・循環するものと語っている。たとえば「アーサー王伝説」は、「中央ユーラシア」から極西の「ケルト」に至る古層の「再生」の観念を豊かに孕んでいる。主人公アーサーは、少年の時、金床を象徴する石に刺さった「剣」を、ただ一人抜いて、凍結されていた利器を「再生」させた。その石は金属器を「産出する炉」を表象していた。二十世紀

図5-1　ディズニーのアニメ作品、『石の中の剣』より

のアニメ王であるウォルト・ディズニーは、フランスからアイルランドへ渡ったアイルランド系の血筋をもち、アーサー王伝説でも最も重要なこのエピソードをアニメ作品（原題『石の中の剣』一九六三年：邦題『王様の剣』）にしている（図5-1）。石から抜かれ蘇る剣の「再生」とアーサーという王の「誕生」が倍音となってそのシーンに鳴り響く。

またアーサーは、生涯の最後に、甥のモルドレッドとの一騎打ちで深傷を負い瀕死となったが、姉の妖精モルガン・ル・フェの助け舟によって、「常若《とこわか》の島」アヴァロンに誘《いざな》われた。ケルト文化圏では今日でも、アーサー王は大西洋に浮かぶスケリグ島のような異界の島で、祖霊や死者たちから特別の力をもらい、「サウィンの夜」のように、「再生」して待機していると言い伝えられている（図5-2）。アーサーは姉の膝の上で傷を癒し、生き続けているのだ。今日世界文学になっているアーサー王伝説の人気の秘密は、この作品がケルト的な「生命循環」の想像力と根本で繋がっているからかもしれない。

ヨーロッパの極西地域にありながら、アイルランドは早くも五世紀からキリスト教を受容した。が、異教時代の自然信仰に基づくそうした生命観、そこから熟

図5-2　絶海のスケリグ島（撮影・筆者）

した美の様式は絶えなかった。

アーサー王伝説に限らない。農耕牧畜の営みによって命の糧を得て、次の収穫を願い歩んできた人々は、「自然」と「死者」と「生者」が、新旧の時空を超えて交流する「四つの季節祭の節目」を肌身で感じつつ、そこから力をもらい、飢餓も乗り越えてきた。

「サウィン」「インボルク」「ベルティネ」「ルーナサ」の暦の、四つを節目とする一年の「周期《サイクル》」は、「生命の循環」を生み出す。人々はそれを過《あやま》たず観察し、その破綻なき運行を祭で祈った。伝統社会の祭暦は「生きた知恵」であった。自然生命の順調な循環への祈りは、神話や伝説の「言葉」と視覚芸術の「イメージ」で表されてきた。

この最終章で私たちは、ケルト芸術の金字塔にして、「世界で最も美しい本」といわれる『ケルズの書』を訪ね、伝統の「渦巻文様」や「動物文字」という装飾芸術に込められた、「ヴァイタリズム」を浮き彫りにしていきたい。ヴァイタリズムは、生きとし生けるものの心身に、「生気」「活力」の息を吹き込み持続させる方法の探求である。そこには、四つの季節祭に響き合う、豊かな「反転のフォルム」が、最も魅力的に描き込まれていることだろう。『ケルズの書』は、アイルランド芸術に際立った法則、「成って在るもの Being」ではなく、つねに「成りつつあるもの Becoming」を見つめるという、生命論・再生論をたたえているはずだ。

†『ケルズの書』とは何か

今からおよそ一二〇〇年前、日本では平安時代が始まったころの九世紀初頭、アイルランド北東部のケルト系修道院で豪華な「福音書」写本が完成した。子牛の皮紙《ヴェラム》で作られた、縦三十三センチ、横二十四センチの典礼用福音書には波乱万丈の前史があった。

制作が着手されたのは、スコットランド西方沖のアイオナ島の聖コルンバゆかりの修道院。数々の奇跡を成し遂げ、生涯に三〇〇冊もの聖なる写本を自らものしたという創設者、聖コルンバを讃える典礼用福音書の制作が進められていた。聖コルンバは五世紀に聖パトリックがもたらしたキリスト教を、アイルランドからスコットランドに広め、その弟子たちは北イングランド（ノーサンブリア）、さらにかつてケルト人がローマによって根絶されたに近かったヨーロッパ大陸にまで伝道した。アイルランドのカトリック教会の聖コルンバ会は世界中にある。この大聖人を讃え、キリストの生涯と奇跡を綴った四福音書の写本の制作が、アイオナの修道院で着手されたのだった（図5-3上）。

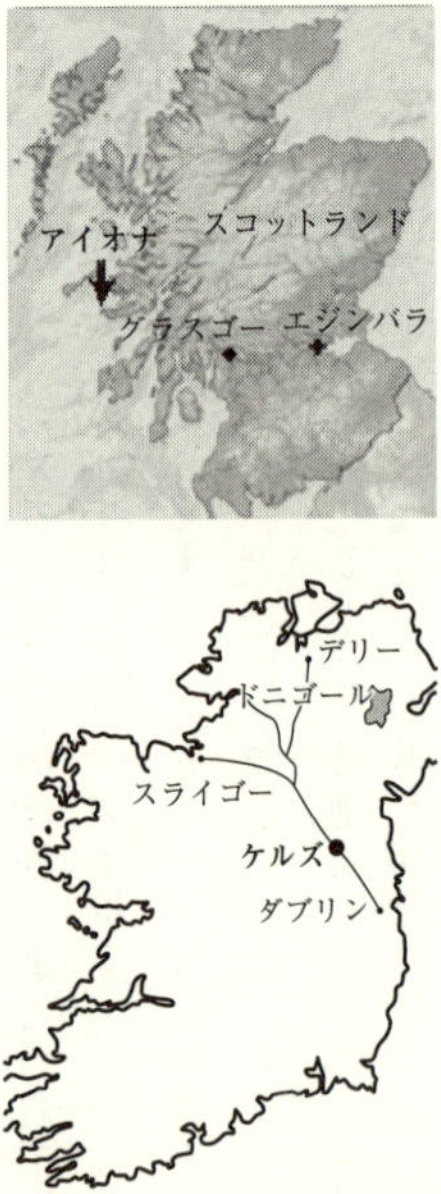

図5-3上　アイオナ島、下　ケルズ

しかし折りしも八世紀からアイオナ島も、スカンジナヴィアから南下してブリテン諸島を襲っていた「北の人（ノースメン）」、すなわちヴァイキングの襲撃を受け、八〇六年ごろ六十人もの修道士たちが殺された。生き残った修道士は、命からがら大部の子牛皮紙の写本を抱えて舟に乗り、アイルランド本島へ着岸、内陸のケルズの地へ避難した（図5-3下）。ここにもヴァイキングは襲ってきたが、『ケルズの書』は完成された。

今日、『ケルズの書』は、美しい聖書、華麗な書物芸術、そしてまた現代の意匠家を驚かせるデザインの宝庫として、世界中から熱いまなざしを受けている。この「アイルランドの至宝」は一国の宝物であることを超え、『ケルズの書』を一目拝みたいという人々が、比喩ではなく、ほんとうに世界中からやってくる。

ダブリンのリフィー川に架かるオコンネル橋を南側に渡る。あるいは緑の公園スティーヴンズ・グリーンからグラフトン街を北へ歩いて行くと、まもなくトリニティ・カレッジの水色がかった灰色の石の学舎が見えてくる。正門をくぐると、キャンパスのコートが開け、その右手奥に『ケルズの書』を展示する旧図書館「ロング・ルーム」があり、アイルランド系アメリカ人を最多として長い行列ができている。不思議な高揚感が沸き上がり、『ケルズの書』を単に「見に来た」のではなく、聖遺物に「詣でる」気分に包まれる。これほど国の内外から人々を引き寄せる「装飾写本」もないだろう。遠い日本やアジアからの「巡礼」の人々も多くなって久しい(図5-4)。

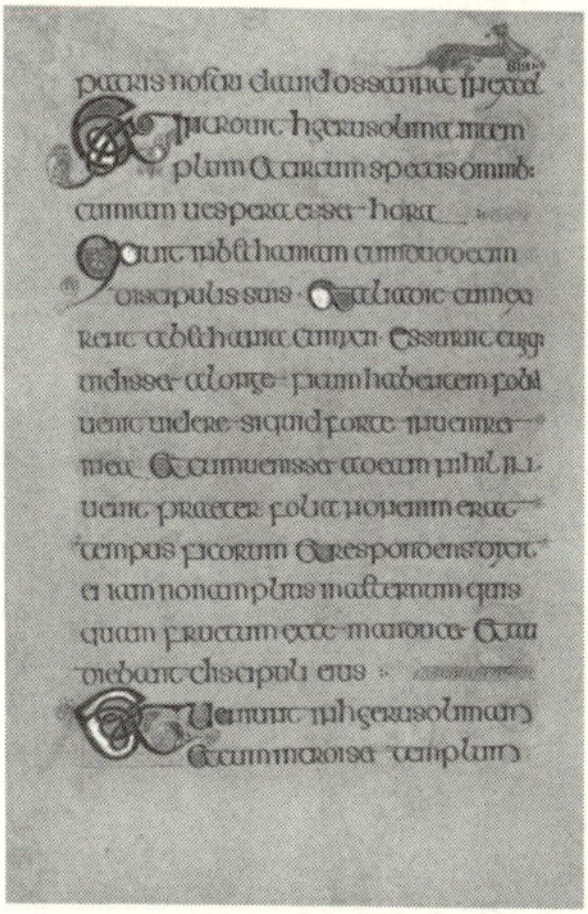

図5-4　『ケルズの書』ハーフ・アンシャル体の文字

この写本には、マタイ、マルコ、ルカ、ヨハネの四つの福音書が、ラテン文字で書かれている。文字は丸みある美しい独特のカリグラフィー、「ハーフ・アンシャル体」。子牛皮紙に鵞ペンで書かれ、書体の美しさだけでも充分に書物芸術の傑作と一目でわかる。が、その上に、六八〇ページ(三四〇葉《フォリオ》)のほぼ全体にわたって、ケルト系写本を特徴づける伝統のケルティック・デザインを構成する「装飾・文様」が、多彩色でほどこされ、四枚の挿絵も挿入されている。とくに四福音書の「扉ページ」や、「キリストの頭文字ＸＰＩ」など、要となるページは、全体が文様で満たされ、その色彩の豊かさ、装飾の緻密さ、書体の美しさ、機知に富む動物意匠に、眼は釘付けとなるだろう。

では、書物芸術の最高峰と称えられてきたこの装飾写本の、美の術の核心は何であり、それはいかにして創造されたのだろうか。『ケルズの書』は「美しい聖書」にして、希代の「書物芸術」と呼ばれる。キリスト教信者にとっての「聖書」であり、一方、教徒以外の人々にも、神秘的な何かを強く訴えかけてくる壮麗な装飾写本である。

『ケルズの書』は、デザインにおいて「装飾」が否定されたモダニズムの時代でも、特別な美の聖遺物のように人を惹きつけてきた。イギリスの美術史学の泰斗《たいと》ケネス・クラークは『芸術と文明』で聖地アイオナと共にその秘話を語り、知覚心理学から視覚芸術を読み解いたＥ・Ｈ・ゴンブリッチは『装飾芸術論』でその迷宮構造を解析した。ハーバート・リードは『芸術の意味』でケルト美術をヨーロッパ美術史に浮上させた。また、オイリュトミー教育から有機農法までを拓いたルドルフ・シュタイナーはケルト文様を芸術と精神のトレーニングに導入した。修道院を舞台とするミステリー小説『薔薇の名前』を書いた歴史家ウンベルト・エーコは、『ケルズの書』の復刻版に直に寄稿した。『ケルズの書』は思索者たちから近現代の閉塞を突破する希代の思考のモデルのように眺められてきた。

さらに『ケルズの書』のポピュラリティを俄然広げた近年の快挙として、アイルランド出身のトム・ムーア監督のアニメ作品『ブレンダンとケルズの秘密』（二〇〇九年。日本公開二〇一七年）がある。アカデミー賞にノミネートされたこの物語では、両親を亡くした少年僧ブレンダンが、『ケルズの書』のマタイ福音書、「キリストの降誕」の最も神秘的なページを完成させる運命を担い、ヴァイキングの襲撃で修道院が炎上、破壊されるなか、写本工房で鵞ペンを握りしめ、聖なる写本を守り、制作していく（図5-5）。

ここで、物語のなかのブレンダンにとっても私たちにとっても重要なのは、次の点である。

『ケルズの書』の制作の舞台は、事実上、キリスト教の信仰と知のセンターである修道院である。しかし同時にムーア監督も繰り返し描いたように、その修道院の壁の外に広がる世界、すなわち「異教時代のケルト」が崇敬した「緑の森」と、「太古の神々」が生きてきた先史の遺跡も、また同じくらい大切な、その芸術に注ぎ込まれた生命力のホット・スポットであることなのだ。

図5-5　妖精アシュリンに顔料のありかを教えてもらうブレンダン

このアニメのストーリーは空想ではなく、緑の森の白い妖精アシュリンと、アイオナから来た白ネコのパンガ・ボンに助けられなければ、その「まったきページ」は完成しない……という中世修道士の真実のメッセージが込められている。

†「キリストの頭文字ＸＰＩ」——荘厳のイリュミネーション

図5-6　キリストの頭文字 XPI

『ケルズの書』は、「修道院が代表するキリスト教信仰」と、「森や古墳が表象する異教時代」の生命観がクロスする芸術である。それは具体的にどのようにデザインされているのだろうか。

『ケルズの書』で一番重要なページが、「キリストの頭文字ＸＰＩ」である。このページは「マタイ福音書」の「イエス・キリストの誕生の次第」（一章十八節）のくだりに当たる。「ＸＰＩ」とはギリシア語での「クリストス（キリスト）」の最初の三文字を、ラテン文字に直してモノグラム（組合せ文字）で表したもので、聖なる文字にして徴《しるし》である（図5-6）。

「神のロゴス（真／理）」が地上のマリアの胎《はら》に宿り、天上の「聖なるもの」を化肉した幼な子が生まれた瞬間、この地上の救済と贖罪の活動が始まる。その奇跡への歓喜を、ケルト・キリスト教の修道士たちは、独自の美術で表した。イエスが馬小屋で誕生するという具象的な「挿絵／イラストレーション」ではなく、キリストのモノグラムをページ全体に展開し、ケルト文様で輝かせるという「装飾／イリュミネーション」の方法で表したのだった。それは壮麗さと緻密さがダイナミックに展開されるケルト装飾美術の極みともいわれている。

宗教美術は「聖なるもの」を表現するため、聖堂の祭壇や経典を「光の意匠」で満たす。金銀細工や宝飾や文様でそれらを飾る美術を「荘厳《しょうごん》＝イリュミネーション」と呼ぶ。英語の「イリュミネーション」の語源はラテン語で「闇に光を入れる」からきている。祈りの聖堂の空間が、イリュミネイトされ、飢餓や争いに苦しめられている衆生《しゅじょう》は、比喩ではなく生きる希望の光を、その輝く形や色彩から受け取った。それが『ケルズの書』ではこのページに極められている。

一一八四年、アイルランド各地を旅行したウェールズ出身の聖職者ギラルドゥス・カンブレンシスは、ある装飾写本について『アイルランド地誌』に書き記した（拙訳）。

キルデアに奇蹟数あれど、その麗わしきこと、聖女ブリギッドの御世に、天使の御業《みわざ》もて書かれりと人の言う驚嘆措くあたわざる書物を除きて他には無し……葉繰《く》る毎に異なりし文様、さまざまな色に目立ちたり……汝が眼厳しく凝らせば美の術の荘厳に吸い寄せらるる。かくも微にして妙を穿ち、精にして密を極め、結び絡みに充つ綵縷《さいる》見出せり。これおしなべて人の業《わざ》にあらず天使の御業《みわざ》なり。

ギラルドゥスが、聖女ブリギッドゆかりのキルデアの教会で偶然目撃した写本が、『ケルズの書』であったとする裏付けはないが、この記録ほど同写本の装飾美術の妙を賛嘆するに相応しい叙述はない。初期キリスト教時代、聖なるモノグラム表現は、ギリシア、ラテン語文化の地中海で生まれた。が、ケルトの装飾師、写字生たちが生み出したデザインは、ローマの本山のお膝元の生み出す大陸の古典芸術と異なっていた。彼らは祖先がそれまで一〇〇〇年以上かけて培ってきた「文様で荘厳する」という伝統を守り、皮紙のグラフィックな二次元空間に、再生させたのである。
『ケルズの書』のページは緻密な文様によるイリュミネーションの術《アート》によって満たされている。福音書の文字も、キリストの衣も、天使の羽も、「動物」たちも。その文様の筆頭が「渦巻文様」で、「組紐文様」「動物文様」という、ケルトの三大文様がめくるめく荘厳の小宇宙を生成させていく。この文様に絡め取られることなくして『ケルズの書』の福音書は、一字たりとも読み進められない（図5-7）。

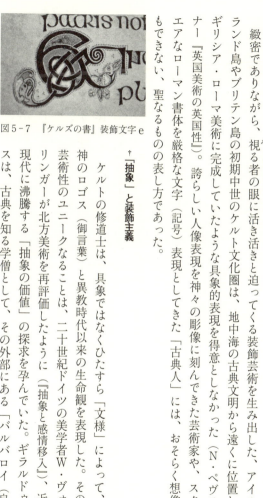

緻密でありながら、視《み》る者の眼に活き活きと迫ってくる装飾芸術を生み出した、アイルランド島やブリテン島の初期中世のケルト文化圏は、地中海の古典文明から遠くに位置し、ギリシア・ローマ美術に完成していたような具象的表現を得意としなかった（N・ペヴスナー『英国美術の英国性』）。誇らしい人像表現を神々の影像に刻んできた芸術家や、スクエアなローマン書体を厳格な文字（記号）表現としてきた「古典人」には、おそらく想像もできない、聖なるものの表し方であった。

図5-7　『ケルズの書』装飾文字e

†「抽象」と装飾主義

ケルトの修道士は、具象ではなくひたすら「文様」によって、神のロゴス（御言葉）と異教時代以来の生命観を表現した。その芸術性のユニークなることは、二十世紀ドイツの美学者W・ヴォリンガーが北方美術を再評価したように（『抽象と感情移入』）、近現代に沸騰する「抽象の価値」の探求を孕んでいた。ギラルドゥスは、古典を知る学僧として、その外部にある「バルバロイ（自分たちと異なる言葉を話す他者）」の手になったような、しかしほかのどこにもみることはできないデザインの創造に立ち会い、息を呑んだのである。

『ケルズの書』を制作した修道士たちは、ユニークであるが、気ままな幻想のアートではもちろんない。聖なる文字を描くインクを求めることをはじめ、物理にも化学にも長《た》けていた。アイルランド全土から八〇〇頭分を集めたといわれる貴重な子牛皮紙に、どのように神のロゴスを着床させ、それを何で彩るのか。彼らは「自然」をよく知っており、多彩な顔料を集めた。赤は鉛丹や、ケルメス虫、緑は緑青（コッパーグリーン）、白は白亜、青は植物の大青（インディゴ）、黒インクは異教時代から聖樹だった樫（オーク）の虫こぶから採れるゴールインク（タンニン酸）、そして黄色は石黄（オーピメント／硫化砒素）などで描いた（萩原『ケルズの書　復元模写及び色彩と図像の考察』）。高価な金銀はあえて用いずとも、高速で回転するスパイラルの形態によって、聖なるものが今まさに天から降り注ぐ。生命を停滞させている地上へ、息を吹き込み、活性化するヴァイタリズムを表した。

三四〇葉の分厚い写本を荘厳した装飾師（イリュミネイター）は、その様式の違いから三人はいたと推測されている。彼らは写字と彩飾に生涯をかけた。ウンベルト・エーコの小説『薔薇の名前』の写本工房《スクリプトリウム》の修道士たちにとってもそうであったように。修道生活と聖書の「荘厳」を創造することは一体であった。アニメ『ブレンダンとケルズの秘密』におけるブレンダンもそうであった。ヴァイキングの来襲で修道院が破壊されたが、歳月を経て成長したブレンダンによって遂にそのページは完成される。

史実において、『ケルズの書』は完成の暁に、聖コルンバの「聖遺物」の一つに加わり、ケルト系修道院を「巡回」した。十二月二十四日のクリスマス・イヴのミサで、壮麗な装飾に満たされたページは、中央祭壇の前に開かれた。「XPI」のモノグラムの周りには、黄金の光を充満させた渦巻文様が高速で回転し、巨大星雲のように輝いたことだろう。

ケルトの壮麗な文様美術の伝統を捉えた上で、いよいよそこにちりばめられた「生きとし生けるもの」の「変容」のエネルギーを支えた「構造」をみてみよう。

キリスト教の聖書写本である『ケルズの書』は、描かれた図像や文様をキリスト教図像学から解読できるものもある。「聖杯」は「葡萄《ぶどう》」の蔓とセットで表されて「復活」を象徴する。その上に「孔雀」が乗っていると、古典以前の伝承にあった、孔雀の肉は不朽で、羽が生え変わるので、キリストの復活と永劫を示唆するとされる。単なる「円盤」にしかみえないものも、キリストの「聖体」と解釈される。三つの点《スポット》は三位一体を象徴しているかもしれない。しかし『ケルズの書』には、「聖書」にも「古典」にも参照できない造形が神出鬼没する。参照できる出典のあるなしに関係なく、「形態・形式・フォルム」で、その価値を表現しているということである。

現代人は美術を鑑賞する時、「何が」描かれているか?を読み取ろうと急ぐ。しかしその問いを越えて、近代のセザンヌやピカソやカンディンスキーが果敢に挑戦したように、「いかに」描かれているか? いかなる造形の構造、形式で表現されているか?を、じっくりと感じなければならない。古代ギリシア・ローマ美術と比較すれば明らかであるが、What(何が)ではなく、How(いかに)を探求したのが、古典の対極にあったケルト美術であった。それはアポロンという名前に還元される大理石彫刻とは異なり、あらかじめ名前なき純粋な抽象や構成体によって、人間の直観的生命観というべきセンスに訴える美術である。

そのケルト美術の頂、『ケルズの書』の表現方法は、緻密でダイナミックな「装飾術」に潜んでいる。『ケルズの書』には(またそれを準備した『ダロウの書』や『リンディスファーンの福音書』においても)、異教時代から伝統的に用いられてきたモティーフが、とくに各ページの福音書テキストの「頭文字の装飾」として頻出する。文様のフォルムが構造を成し、最終的に有機的な文字芸術として、福音書テキストのほぼ全編に躍り出る。

『ケルズの書』の装飾文字の「躍動感」は、古典美術の影響の下に描かれた静謐な「聖母子と天使たち」や「キリストの肖像」、「オリーヴ山のキリスト(ないしキリストの逮捕)」、「荒れ野の誘惑」という四枚のみ挿入されているイラストレーションの様相とはまったく異なっている。むしろイラストレーションの人物の髪の毛や衣や縁取りにも装飾が侵入している。

図像や文様の意味内容の「何が」を秘めながら、それを「いかに」描くかに醍醐味をみいだすこと。二十世紀の表現主義、抽象主義、シュールレアリスム、フォーマリズム、そして私たちの世紀末に復活したポストモダニズムを支えるオーナメンタリズム（装飾主義）を、既に一〇〇〇年以上前に実現してしまったアート＆デザインといえるのではないだろうか。そしてこれを牽引しているのが、ケルトの「文様の構造」である。

†異教の伝統とキリスト教との融合——「生きとし生けるもの」

このデザイン構造と、本書で探求してきたケルトの「四つの季節祭」の生命観が知らず知らずのうちに響きあっているようにみえる。ケルトの祭も、ケルト文様も、共通して異教時代起源のものである。その暦は、北ヨーロッパ（はたまた「ユーロ＝アジア世界」にも繋がっている祭暦）で、季節のサイクルに添う祭であった。その数千年後の北ヨーロッパに、新しい宗教として一神教のキリスト教が到来し、両者はゆるやかに融合していった。その融合がおこなわれ、儀礼や観念がよく残されてきたのが極西の緑の島国、アイルランドであった。

図5-8　聖パトリックが示す「シャムロック」、アイルランド、クロー・パトリック（撮影・筆者）

『ケルズの書』が制作される前、初期の伝道時代、聖パトリック、聖コルンバ、聖ブリギッドといった聖人たちも、充分に異教時代の自然観・生命観を意識していた。それをキリスト教信仰に「接続する役割」こそが、ミッションの実体であったことだろう。そのエピソードは聖パトリックが野辺の「シャムロック（三つ葉のクローバー）」（図5-8）を摘んで三位一体を説いたという伝承に示されているばかりではなく、「インボルク」祭（第二章参照）で、緑の灯心草で太陽文を暗示する「聖ブリギッドの十字架」を作ることからもうかがえる。「ベルティネ」（第三章参照）に始まる夏は、北ヨーロッパの酪農カレンダーや学期の基準となっている。「ルーナサ／ラマス」収穫祭（第四章参照）の穂麦は聖母マリアの慈愛の衣にも宿った。キリスト教を受容してからも、変わらず「サウィン」の夜には、妖精塚や先史時代の墳墓の入り口が開き、あの世（死）とこの世（生）が大交流することを民間では忘れず、死者や精霊を畏敬してきた。民間伝承は十九世紀半ばのJ・W・クローカーから、本格的な文芸復興となるイェイツまでが収集し、グリム兄弟も魅入られた「ケルトの妖精」物語というまとまりで、世界に流布している。

ドイツ人としてケルト文化に深い興味を抱いたハインリッヒ・ハイネの想念を借りれば、異教時代のケルトの精霊や祖霊は、キリスト教社会において次第に「流刑《るけい》の神々」として追放されることになる。しかしケルトの四つの季節祭は、その異教の「スピリット」は亡霊ではないことを伝えようとしてきた。人間が草木虫魚、自然への畏敬を忘れなければ恵みを与える「知」であった。

修道院の石壁の「外」には祖霊のいる異教時代の遺跡が生きていた（図5-9）。ニューグレンジやエジプトのピラミッドより古いルークルーの墳墓は、異界と信じられてきた。『ケルズの書』は、キリスト教の写本であるが、ケルトの人々が崇めてきた動植物・鉱物の生命を用いて畏敬する心は消えていなかった。聖なる子牛の皮紙を地（グランド）として、そこにケルトの造形／表象の森を生やし、キリスト教社会のセンター、修道院で文字化した土着の神話や伝説のイメージをも、福音書のページに躍動させた。聖書には登場しない「小動物」や「虫」や「幻想の動物」たちが、先行した『ダロウの書』よりも『リンディスファーンの福音書』よりもむしろ『ケルズの書』のページに増えている。

図5-9　先史時代のドルメン（支石墓）、アイルランド、バレン地方（撮影・筆者）

唯一神の啓示を得たキリスト教の修道士にとって、あくまでそれらは神がデザインした「生きとし生けるもの」であり、キリストの「復活」を表象するためのクリーチャー（被造物である生きもの）であろう。しかし修道士も写本室のアトリエで、秘めていた「装飾のパワー」が走り出すと、知らず知らずのうちに彼らの身の傍に親しくあったケルト的ヴァイタリズム（生命・生気論）を象徴する生きものや物語を描くことになったと思われる。

†「異質なもの同士」の融合

「生きとし生けるもの」、とくに動物へのまなざしは、活き活きと三四〇葉のページを通奏（通想）して現れる。もはや『ケルズの書』では福音書テキストの文字は、「読まれる文字」から「視られる文字」へと変化《へんげ》している。それはさしずめ「装飾イニシャル」を依り代としたケルトの森のベスティエール（動物譚）である。文字が動物になり、人間も文字や動物にもなる。変容して名づけ得ない「第三の自然」が生まれていく。この手法、美の術を手にした修道士の想像力は、聖ブリギッドの泉のごとく福音書のページに溢《あふ》れ出てくる（図5-10）。

現代人からみれば、「文字と生きもの」「人間と動物」「動物と植物」「文様と文字」……はお互いに「異なるもの同士」である。これらを明確に腑分けし、個々を自律させて表現したのが、ギリシア・ローマの古典美術である。ケルト美術は、異質な存在同士を交流させ、結び付ける。AかBかではなく、AであってBでもある「第三の価値《ヴァリュー》」を生み出す（それは古代ローマのネロ皇帝の宮殿に描かれていた奇想天外なグロテスクの何百倍の密度において超奇想である。現代ハロウィンの仮装は一〇〇〇年遅れており、およばないほどだ）（図5−11）。

『ケルズの書』の装飾文字は、湾曲するC字やS字の形で、のたうち、相互に絡まり、もはや「名前をつけることができない」「未《いま》だ誰もみたことのない第三項」が出現している。「異質なもの同士」の果敢なる絡まりと交流は、「変容」をさらに呼び起こし、果てしないメタモルフォーシスが繰り返される。大陸の七ー九世紀の同時代のメロヴィング朝、カロリング朝の文字芸術では、ここまで極端なスタイルは試みられなかった。

図5−10 『ケルズの書』「動物」装飾文字

「装飾」のチャレンジに関して、二十世紀アメリカの建築界の巨匠フランク・ロイド・ライトは「それは古くから続くものの、今、新たな意義がみいだされることを待っている源泉だ。こ

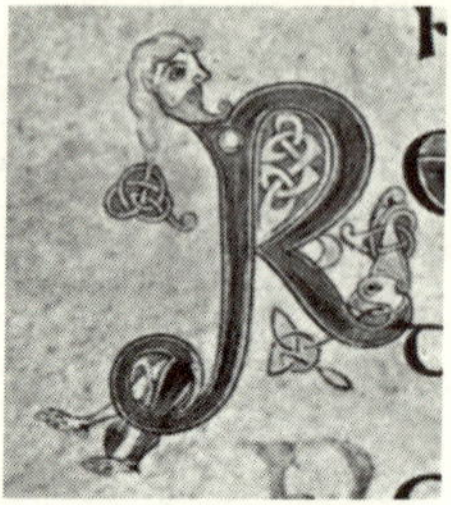

図5-11　人間文字R

れこそ、統合的な装飾」（『自然の家』）と述べた。彼の提唱した有機的建築《オーガニック・アーキテクチャー》に霊感を与え続ける「自然」のかたちと「装飾」を結び付けたのである。ライトは、ウェールズに母方の祖先をもつケルト系の建築家・デザイナーである。

†「フォルム」の価値

以上、『ケルズの書』の「装飾」の核を作っているケルトの美の思想をみてきた。それは、「キリストの頭文字XPI」のみならず、現存する三四〇葉の子牛皮紙の森に棲む「変容し続ける、生きとし生けるもの」であることを知らされた。長年『ケルズの書』の保管担当官であったバーナード・ミーハンは、「動物譚」の古典である『フィシオログス』に記されている象徴的意味を、ケルト・キリスト教の修道士も用いたと解釈している。しかし『ケルズの書』の動物文様はその「形態」によって価値を伝えようとしたのだから、古典の引用としてそれを解釈するだけでは、解き明かせない。古典の『フィシオログス』の動物は「意味」を伝える。描かれた（語られた）動物と解説の内容が一対一で対応し、「当該の動物にまつわる意味が解説」されて完了している。しかし『ケルズの書』では、そもそも単一の名前や意味のために、動物が文字の体となっているのではない、という決定的な違いがある。

動物という対象に限らない。ケルトの修道士は、ある一つのものや存在や自然物が、単一の意味の奴隷となってはいけないと考えている。『ケルズの書』の美学に深い関心をよせて復刻版に小論を寄せたほどのウンベルト・エーコも、それを最大の魅力と考えていた。その芸術を、古典的な整合的思考にはない「西方（ヒスペリア）の詩学」として、その奇想のレトリックを讃えた。

たとえば『ケルズの書』の装飾文字には、「獅子」が頻繁に描かれる。キリスト教聖書では「獅子」は、イエス・キリストの家系ユダ族のトーテムである。あるいは『フィシオログス』では、死産で生まれた子獅子を父の獅子が息を吹きかけて蘇生させたという父性の息（プネウマ）を表す存在ともいえる。こうした「内容」の解説は、「獅子」の意味を観念で伝えようとする。しかし詰まるところ、「獅子」という生きものは、単一の意味の「檻《おり》」を見事にすり抜けていく。金色のたてがみを靡《なび》かせ、吼え、躍動する体軀を人間にみせつける神々しい獣なのだと、ケルトの修道士は考え、畏敬した（図5-12）。

動植物や幾何学の「文様」は、単一の意味を伝達する標識ではない。そのイメージの意味は複数性のなかにある。文字通り「獅子」は一つの意味の檻には決して捕獲できない。だから獅子なのだ。それは渦巻構造と一体化して、聖なるロゴスを伝え、また原初の生命

図5-12　獅子文字e、J・ベインによる描きおこし

力を衆生に実感させようと跋扈《ばっこ》している。

ヨーロッパの美術史を眺めやれば、ケルト美術は紀元前のハルシュタット鉄器時代以来、そもそも一つの対象を、一つの意味で定義するような美術ではなかった。地中海の明るい古典古代のギリシア・ローマ美術と対照的であった。ケルトの言語文化・思考は、規範の外部にあり、それは古典の歴史家たちが大いに蔑《さげす》みつつ記した通りである。

ケルトは「意味内容」の解説者になることを選ばなかった。それとは逆に、「形式＝フォルムの造形的価値」を表そうとしてきた。二十世紀のアートにもやってくる、根っからのフォーマリストであった。古典に接触したガリアのケルトは両刀を用いたが、根源では「フォルム」によって造形の価値を伝えようとする者であった。

ブリタニア、ヒベルニアなどの島嶼のケルトは、地理的に古典から遠かった。しかしそれゆえに、造形の外部のテキストや題と一対一で対応するものを、説明的に具象的に表す方法ではなく、形態・フォルムによって「生きとし生けるもの」の生命力を表現し、それを掛け合わせ、まったく名づけようのない自然（存在）を、聖書写本のページにも出現させたのである。

†ケルト渦巻文様の誕生――メタル・ワークの秘密

ではなぜこれほどまでに、ケルト美術は、「生きもの」から「文字」までが互いを浸透させ、元の姿がわからなくなるくらいまで「変容」を探求できるのだろうか。

『ケルズの書』に先行した『ダロウの書』『リンディスファーンの福音書』に成熟していたように、フォルム創造の基底に「渦巻の構造」があることを、私たちは知っている。しかしなぜ渦巻文様が生まれ、ケルト社会で美的な表現としてここまで篤く愛好されたのかという問いが残っている。芸術人類学で数万年を地球上に検証しても解けないような問いだが、ケルト社会を支えた術（技術・芸術）との関わりから考えることは有効だろう。

ケルト美術の歴史は二七〇〇年前の現オーストリアのハルシュタットに遺跡を遺す鉄器時代に遡る。彼らがヨーロッパで先がけたのは、「冶金術」による金属の利器の創造であった。鉄鉱石などの鉱物資源は、一旦「炉」のなかで、水のごとく溶けて固体を変じさせる、最大の可変性をもった「生きもの＝鉱物」であった。金属の可変性、変容性は、驚異の「再生の力」をケルトの人々にみせつけた。

「アーサー王の剣」の伝説のように、その鉄器文明の知は、ケルトや北欧の英雄と金属器（剣）が、世を復活、再生させるエピソードに反映されてきた。単にアーサーやシグルズ（ジークフリート）は剣を得た（シグルズの場合は父の傷ついたノートゥング剣を直し再生させた）のみならず、アーサーの場合に顕著であるように、それを「大自然に返し」、次の再生を促す。これはアーサーたち英雄が神秘の体験で手に入れた金属器を、大自然の「炉に返却して」さらなる「新生の利器」を産むという「循環的生命」を表象する神話なのである（鶴岡「アーサー王伝説「石から抜かれた剣」――ケルト神話が結ぶインド＝ヨーロッパの観念」）。

北ヨーロッパで最も古く、実際に紀元前から金属器を生み出すために「炉」と向かい合っていたのが、ヨーロッパの古層の民、ケルトであったのだ。驚異のメタルの不思議にケルトの人々は日々眼を見張っては、やがてその変幻自在な金工芸術のスタイルのなかに、「螺旋《らせん》の美」を生み出していった。この螺旋は、実際に溶鉱炉のなかで渦巻く、輝く黄金の液体が創り出す渦である、のみならず、刀や盾などケルトにとって利器である金属器が何度でも溶鉱炉で「再生する」という知をもたらした。「再生の生命観」は幻想どころか、確実な先史の「知と技」から立ち上っていったのである。

その歴史あるケルトの金工芸術は、紀元前五〇〇年ごろヨーロッパ大陸で「ラ・テーヌ様式」という螺旋が洗練され複雑に旋回する意匠を生み出し、「装飾」として定着した。それらの金工を通じて、大陸のラ・テーヌ様式は、ブリタニア、ヒベルニア、カンブリア、カレドニアという島のケルトの地域に伝わった。一方、ケルトは紀元前五〇〇年ごろに黒海の北方と東方にいたスキタイ人の美術の「動物闘争文様」などの影響も受けた。渦巻構造のなかに動物が組み込まれる様式が、民族移動期のヨーロッパに入り、島のケルトはそれを毛細血管の絡まるレヴェルの繊細な文様に結晶化した。それがケルト系修道院で制作される聖書写本の装飾の構造として開花するのである。異教時代のケルト美術の金工芸術や、キリスト教時代の写本装飾のどの断面を切っても、渦巻文様や、螺旋構造が現れるといっても過言ではないほどに、「ケルト・スパイラル」は勢いを増して、キリスト教布教の核となる「福音書」写本を満たすことになった。

こうして「キリストの頭文字XPI」に満ちたケルト渦巻文様は、アール・ヌーヴォーのデザイナーをも驚かせる滑らかに撓《しな》る螺旋を孕んでいる。「ラ・テーヌ様式」の精華であり、王や貴族の胸や儀礼用の武器を飾った金工の技で成熟したものだった。金糸や銀糸、七宝細工などを組み合わせた金工芸術は、ケルト美術の真髄である。八―九世紀に作られた「アーダーの聖杯」や「タラ・ブローチ」や、修道院の境内に立てられた「ケルト石造十字架」に彫刻された文様群（図5-13）。黄金や銀の聖杯はキリスト教聖堂のミサに用いられ、ブローチは世俗の王や貴族の胸を飾り、ケルト文様は聖俗両世界において、ますます探求され、洗練の極みに達していく。

修道院コミュニティーの金工芸術を支えてきた金銀細工師の金工技法を、修道士である装飾師は、福音書写本のグラフィックな平面に応用した。これが初期キリスト教ケルト美術の「ルネサンス・再生」の核心である。彼らはまだ六世紀にはおとなしかったが、七世紀には意匠の主役である「渦巻」や「組紐」や「動物」文様を総動員して、七世紀末の『ダロウの書』や『リンディスファーンの福音書』に表し（図5-14）、最後に『ケルズの書』がその極限を示した。「キリストの頭文字ΧΡΙ」にはケルト美術一〇〇〇年の「渦巻」の極みが出現したのである。

図5-13　金工のケルト渦巻文様「タラ・ブローチ」、8世紀

七―九世紀、ケルト系修道院での聖書の写本制作が盛んになると、ヨーロッパ大陸にその活動は聞こえ、アイルランドという「学芸の島」に、学僧が大陸から学びにきた。そこで成熟し身体感覚にまで染み入った文様美の術を、それまでの一五〇〇年間を既に生きた「ケルト美術史」の輝きとして、修道士たちは『ケルズの書』に、迷いなく全開させた

（鶴岡『ケルト／装飾的思考』）。

パリサイ人のように遠くから覗く輩《やから》には、邪《よこしま》な異教のデザインのようにもみえる、キリスト教では御法度であった「蛇」状の動物文様もふんだんに描かれた。ムーア監督のアニメ作品に躍動する大いなる渦巻・組紐・動物文様は、それを活き活きと再現している。アニメでは、もの珍しいデザインとしてではなく、ケルトの精神文化を結晶化した「造形表象」として現れる。全編にケルティック・スパイラルが渦巻き、ブレンダンたちの写本工房も、渦巻に包まれ、輝く。ヴァイキングから身を守るための高い壁の構造図も、妖精アシュリンの緑の森の樫の木の枝も風も、異教のモニュメント（トゥーロー・ストーンやニューグレンジの遺跡）も、ブレンダンの空想の軌跡も、助ける白猫パンガ・ボンの尾も、襲撃してくるヴァイキングの火の矢から上る業火《ごうか》も、すべて渦巻文様である（図5－15）。

図5-14　『リンディスファーンの福音書』のXPI、ケルト渦巻文様

†渦巻と生命循環の思想――融合のスパイラル

さて、ケルト渦巻の技と知と表象の由来を押さえたうえで、「キリストの頭文字ＸＰＩ」の渦巻文様をあらためて眺めて

図5-15　修道院の写本室と渦巻文様、トム・ムーア監督アニメ作品『ブレンダンとケルズの秘密』より

みよう。

ケルト渦巻文様は、単に回転して光を発散するだけではない螺旋形で、単純なコイル状ではない。最大の特徴は糾《あざな》える縄のように、染色体のように、二重のスパイラルを成しながら動的にうごめく。「遠心力と求心力のエネルギーを同時に起こす」渦巻である。

螺旋の求心的運動を「死」への収束とすれば、それが極まった極においてケルト渦巻は必ず踵《きびす》を返して「反転し」、遠心力を発生させ、外へ解放するエネルギーへと変容する。それは外へ外へと開かれていくと、外延ぎりぎりのところで、再び反転し、今度はまた求心のエネルギーを生じさせ、内へ向かっていく。この「反転運動」は、ケルト独特の柔軟な関節のような「トランペット・パターン」においておこなわれており、ほかの地域や民族文化にはみられない構造なのである（図5-16）。

二十世紀のアイルランドで、渦巻のミクロコスモスと化した『ケルズの書』に驚嘆した芸術家に、小説家ジョイスがいる。彼は「意識の流れ」という表現手法を近代文学に拓いて寵児となり、ジョイス語と呼ばれる、まさにスパイラルが次々と連鎖する独自の文体の放射を繰り出し、世界の文学界を驚かせた。一九一四年にロンドン、パリ、ニューヨークで出版されたエドワード・サリヴァン卿の解説になる本格的な『ケルズの書』の主要装飾を復刻したカラー・リトグラフ本を入手し、虫眼鏡を持ちながら、これはアイルランドの伝統であり、『ケルズの書』の文様のように書きたいと話して廻った。小説ならぬ超小説の金字塔『フィネガンズ・ウェイク』で、「マニフェスト」を捩《もじ》って、『ケルズの書』は自分の芸術にとって母なる「母言書（ママフェスト）」であるとして登場させたほどであった。彼も二十世紀の美術史家やアーティストたちにも増して、「キリストの頭文字XPI」を食い入るようにみつめた近代人であった（鶴岡『ジョイスとケルト世界』）。

図5-16　トランペット・パターン、反転する「ケルト・スパイラル」の構造

ジョイスを魅了したものとは、「終わりのない無限循環」へと入っていくスパイラル構造である。これが「ケルト的」といわれるデザインの真髄と確信したとたん、彼の意識の流れは、一層スパイラル状にうごめき出した。たとえれば二十世紀の「生の哲学者」アンリ・ベルクソンが唱えた分割不可能な意識の流れ、「持続《デュレー》」であるだろう（『創造的進化』）。この思想を一二〇〇年前のケルトの修道士は視覚芸術で完成させ

図5-17 『ケルズの書』人間三つ巴渦巻文様

ていたといえるかもしれない。言葉も物も時空も分割不可能な意識の流れであることを、文学で大実験したのはジョイスであり、ジョイスが『ケルズの書』に深く心酔した理由がここでも明らかであろう。世界にさまざまな渦巻文様があるなかで、『ケルズの書』や『ダロウの書』や『リンディスファーンの福音書』の装飾写本、「タラ・ブローチ」や「バタシーの盾」などの金工品、および初期キリスト教時代の「ケルト石造十字架」に施された「無限のスパイラル」はケルト美術以外には、ほとんど他の民族の美術にはみることができない驚異の構造・意匠である（図5-17）。この独特の渦巻文様は、十九世紀末の「ケルト復興」で復活し、アール・ヌーヴォーなどの装飾様式に多大な影響を与え、現代のケルト・デザインで完全に復活した。

　中世のキリスト者にとって、キリスト教の唯一神は、世界を一人でデザインされ、その理《ことわり》である「数（ヌメルス）」「重さ（ポンドゥス）」「尺度（メンスラ）」に添って創造した（エーコ『中世美術史』）。ケルト・キリスト教の世界観には、異教の多神教と一神教の「世界（創造）の観念」が独特なかたちでミックスされ、「渦巻構造」によって世界の「質料」が決定されているのではないかとさえ思える。「生きとし生けるもの」の心身も、回転し反転し続け、いきおいその意匠は、三つ巴や組紐状や蛇状の文様にも変容する。文字や余白を埋め尽くしているものの正体がそれである。ケルト文様が、かくもふんだんに『ケルズの書』に用いられたのは、端的に彼らの共同体において、それが時を超え、「生命再生」を表象する「シンボル」「オーナメント」、そして文化的「アイコン」として生きていたからであった。

遥か昔から、伝統社会は大自然に添った生活を営んできた。宇宙自然が天変地異をもたらす恐ろしいものではあっても、季節の「周期」は、約束を裏切らないことを知っていた。厳冬の後にも必ず春がくる。天の悠久の円舞がもたらす「生命の循環」を願い寿ぐことにおいては、異教時代もキリスト教社会も、同じである。

『ケルズの書』の美術表現の中心にある「スパイラル・渦巻」文様は、本書が追ってきた「四つの季節祭」で祈られた生命循環の思想とどこかで響き合っている。それは、「サウィン／ハロウィン」の夜に、新旧の時間が交じり合い、混濁しながら、やがて強力な螺旋状のエネルギーとして現象する。そのように渦巻は、「無限循環のコスモゴニー（宇宙生成論）」ともいえるヴィジョンを表している。

†終わりから始まる――「成りつつあるもの Becoming」をみつめて

「サウィン」の夜、死者の日からスタートし、春、夏、そして収穫の秋へと進む。冬から一年が始まるという観念は、ヨーロッパのルネサンス時代の宮廷にも共有されていた。プラハの宮廷画家となったアルチンボルドの有名な四組の顔のシリーズも「冬・春・夏・秋」のサイクルに則っている。「終わり（死・冬）からの始まり」である。それは『ケルズの書』の文字芸術にも、みつけることができる。「キリストの頭文字XPI」において、イエス・キリストの「降誕」も、文字のストロークの「終わりから始まる」。その文字はギリシア語の「クリストス」のアルファベットの第二文字の「P」。このPの文字軸の終わるところから、不思議な顔が現れているのがみえるであろう（図5-18）。文字Pのストロークは終わろうとする箇所で、逆に勢い良く旋回し始め、渦巻を形作った。Pが有機的な螺旋に変化《へんげ》して、キリストの「首」や「頭部」へと変容している。マタイ福音書のくだりに従い、キリストは文字の先端部に今誕生したかのようである。先端に生まれたのは神の子、光の子である証拠に頭部は金髪のように輝いている。文字から神の子の顔が飛び出している図は、キリスト教美術史上でも前代未聞である。

渦巻いて延長し、終わりなき、始まりを創る先端に「誕生」がしるされた。しかし渦巻く文字はここで終わらず、今度は「誕生」と真逆の「死」の場面に現れる。同じマタイ福音書の「磔刑」の箇所は「そのときキリストは磔刑に処せられ……」と記される。ラテン語で「TUNC（そのとき）」から始まり、頭文字「T」が動物の「獅子」で装飾されている。「獅子」はイエスの出自であるユダ族の徴《しるし》で、アイルランドの修道士たちも読んでいた古典の動物譚『フィシオログス』には、死んで生まれてきた子獅子に父獅子が三日三晩息を吹きかけ、「三日後に生きかえらせた」と物語られている。十字架にかけられたわが子に、天なる神がプネウマを噴きかけ蘇らせたという奇跡を暗示するために獅子が装飾として用いられたのかもしれない。このページの左端では上（天）から下降して、炎と見紛うほどの息吹を口から吹き出している獅子が描かれている。しかし『ケルズの書』の装飾師である修道士は、ページの中心の「T」のアルファベット自体を、獅子の体に仕立てるという、さらなるデザインの創造に力を注いだ。

その「T」は、先端部に前肢や尾を付けているが、体全体は力強い「渦巻」で、文字の内側は組紐文様で埋め尽くされている。さらにその獅子の口からは、渦巻く赤い炎のような舌が噴出して、めらめらと蛇行し、スパイラルの内側は炉のようにエネルギーが充満している。「TUNC」の

図5-18　キリストの頭部「キリストの頭文字XPI」のP

図5-19　息を吹きかける獅子と、渦巻くT文字の獅子、「そのときキリストは磔刑に」の頭文字

第二文字目からは、ヴァーミリオンの上下の枠で際立たされ、枠の上部左端には小さいが、やはり獅子のような緑色の頭の動物が描かれて、「T」の「赤い舌の渦巻」と接している（図5-19）。

「T」の獅子口から繰り出される赤舌のスパイラルは、十字架上で死してもまた再生してくるキリストの生命を表象しているのではないだろうか。とすればこの場面で磔になる「そのとき（TUNC）」の獅子＝イエス・キリストは、十字架上で「死につつ蘇る」という奇跡を起こしていることになる。

時系列で物語を辿るならば、「死と再生が同時に起こる」ことなど、ありえないことだろう。しかしここに起こる出来事も、そこに在るものも、次の瞬間に次々と変容し連鎖し、決して留まることがない。生命は必ず蘇生するフォルムで描かれるべきという様式を、ケルトの修道士たちは身につけていたといわざるをえない。少なくとも、この「磔刑」のページでは、「死」の静けさではなく、「生まれいづるもの」のうごめきが、スパイラル状に沸き立っている。

この想像力の背景には、本書で辿ってきた四つの季節祭が横たわっていたことをも想起させる。無限軌道の音楽のように、「磔刑」によって死に至らしめられる者も、ケルティック・スパイラルの形を得るならば、「永遠の再生」への軌道に入れるのである。ここには「成ったもの Being」ではなく、常に「成りつつあるもの Becoming」をみつめる異教時代からのケルトの美学が打ち込まれているといえないだろうか。イエス・キリストの究極の死の物語が、生の物語へと反転させられ、眼の前で旋回を続けているがごとくなのである。

文字Tの鋼《はがね》のようにしなやかな曲線の淵源には、ケルト文明も一員であるところの、「ユーロ＝アジア世界」の「動物文様」があった。スキタイの「動物闘争文様」の「S字曲線」や「渦巻」の撓《しな》るフォルムは、冷たい抽象とは対極の、命の躍動を伝える文様である。渦巻の術《アート》は、ひとりケルト美術の発明ではなく、私たちのアジアに繋がるユーロ＝アジア文明が共振して産んだ形象であった。

アーサー王伝説の剣の神秘のように、遊牧騎馬民族であるインド＝ヨーロッパ語族の天や動物への畏敬を携え、西の極みに到達し、それをヨーロッパの精神の古層に記憶させ、ついにキリスト教の聖なる奇跡の瞬間を満たしたのが、ケルト文明の芸術であった。私たちは『ケルズの書』の「誕生＝生」と「磔刑＝死」がそのスパイラルによって見事に反転したまばゆい瞬間を、子牛皮紙のページに確認したことになる。まさにこれは「死」の肉片に「生」が化肉したインカーネーションと、その反転する「転生」のリーインカーネーションの瞬間に、立ち会っていることに等しい。それは「サウィン／万霊節」の夜の出来事のように、生きとし生けるものの蘇りの力をメッセージとしている。

地に寝転び、天を仰げば、アイルランド（女神エリンの国）から一万キロ離れた日本列島からでも、ケルト・スパイラルが光を放って渦巻いているのを、きっと目撃できることだろう。

「ハロウィン／万聖節」の始原に「冬のついたち＝サウィン／万霊節」があった。冬の飢餓を乗り越えるエネルギーは、冬至を越えて、「春のついたち＝インボルク」、「夏のついたち＝ベルティネ」、そして「秋のついたち＝ルーナサ」へと循環し、収穫の小麦は、「ハロウィン」における死者たちへの供養の「霊魂のお菓子（ソウル・ケーキ）」となる。

その夜に、死者たちはお返しに、私たち生者に、厳しい冬を突破していく特別のパワーを授けてくれる。それは、真にケルトの「生命循環」の術《アート》なのではないだろうか。

「サウィン／ハロウィン」「インボルク」「ベルティネ」「ルーナサ」。ケルトの「四つの季節祭」に吹く、渦巻く緑の風は、私たちに告げている。

「生命力とは、再生力」であるということを。

エピローグ　「生命循環」をケルトの祭暦から読み解く知恵

現代の「ハロウィン」の起源は、ケルト文化伝統の祭日「サウィン」にある。

私たちは本書で、ケルトの「四つの季節祭」に添いながら、その最初におかれる「サウィン」という冬の入り口から始め、「大自然」と「生きとし生けるもの」の「生命循環」の回廊を廻ってきた。

「サウィン／ハロウィン」（第一章）は、邪な悪霊を退散させる祭ではなく、年に一度、回帰する死者たちを静かに迎え、もてなし、「供養する夜」だった。

祖先、そして、無念の内にこの世を去らねばならなかった人々に思いをいたし、家々に戻ってくる霊を、温かなテーブルに招き、「霊魂のお菓子（ソウル・ケーキ）」と、心尽くしのご馳走を食べてもらう夜だった。

その夜、この世界の主人公は、「生者」ではないということ、つまり「現在の私たち」を生かしてくれている死者たち、今を用意してくれた人々のスピリットであることに、はっと気付かされる。「サウィン／ハロウィン」の夜は、生死の壁が取り払われ、「過去・現在・未来」の時空が交じり合い、大交流が始まる。生気を失っている私たちの存在など、軽々と吹き飛ばされてしまうだろう。「生」にあぐらをかいている現代に、死者たち本領の「蘇り」が始まる。

この機知に富む、冬の入り口からスタートする「四つの季節祭」の暦が成立した背景には、ケルト伝統の「知恵」があった。厳しいアルプス以北のヨーロッパを生き抜く人々の文化・文明を古層から支えてきた死生観である。

「サウィン／ハロウィン」は「死＝闇＝冬」を象徴している。ここから一年を数えるカレンダーを胸に、人々は冬をしのぎ、暗闇が底を突く「冬至（後のクリスマス）」を乗り越えた。そして「ヤヌス（一月）」の寒さを耐えると、その月末には子羊が生まれる「インボルク＝春の始まり」の前夜に漕ぎ着けることができた。

キリスト教の復活祭まで「四旬節」のヨーロッパは、まだまだ寒いけれど、異教時代以来の第二番目のケルトの祭日「インボルク」（二月一日・第二章）が春の始まりを告げる。アイルランドではその守り女神で聖女でもあるブリギッドが、暖かな炉の火で人間と家畜の命を温めてくれる。春分を越え、牧場の緑が色濃くなるころ、いよいよ北ヨーロッパにも、夏の始まりをしるす三番目の祭日、「ベルティネ／五月祭」（第三章）がやってくる。五月一日の前夜、森では異変が起こる。「サウィン／ハロウィン」からずっと森に漂っていた闇が、夜明けと共に追い払われて、遂に夏の太陽が昇り、家畜と穀物をぐんと成長させ、人間に活力を与えてくれる季節の到来である。

そして夏至を過ぎて四旬を過ごすと、熟した穀物が黄金に輝き始め、第四番目の祭日「ルーナサ」の収穫祭がやってくる（第四章）。穂麦やトウモロコシで豊饒のシンボルの「乙女《イヴ》」像を作り収穫を寿ぐ。シェイクスピアがジュリエットの誕生日を、わざわざその前日にしたのは、この長い異教時代からのケルトの暦日を知っていたからである。こうして黄金の穂麦に輝く祭はアイルランド神話の太陽の神であるルー神によって司られる。ルーの産みの母親と育ての母親は「穀物の女神」であった。そこには母と子の死からの再生の物語が秘められていた。

以上のように本書において「サウィン／ハロウィン」のテーゼである「死からの再生」「闇から光へ」の観念を軸に、ケルトの四つの季節祭に示されている「循環的生命観」を筆者は解き明かそうとした。

「生命循環論」や「生命再生論」として「暦」を読み解く際、筆者は実際の祭の儀礼のほか、ケルトの神話伝説、インド＝ヨーロッパ語族の観念を反映させた考古学の遺物、美術の図像や文様やデザイン、そして近代の演劇や現代の映画やアニメまでを通して、それが単なる伝統社会の「思い出」ではなく、現代を生き抜く私たちの「知」と「信」となることを願って書いた。

最後の第五章で、「世界で最も美しい本」と称されるアイルランドの至宝『ケルズの書』に登場を願ったのも、理由があった。この装飾写本を満たすケルティック・デザインを循環論として読み解くと、ヨーロッパを東へと越え行き、「ユーロ＝アジア世界」で共有された死と再生のイメージの始原を追うことができるからである。その造形・表象は、「サウィン／ハロウィン」の生死の大交流のように渦巻いている。『ケルズの書』の術《アート》は、ひとりケルトの薬籠《やくろう》中にあるものではなく、「ユーロ＝アジア世界の東の極み」である日本列島にも培われた神話やイメージに繋がるだろうことも予感できる。

それにしてもケルトの神話や伝説には、インドからアイルランドまでの数千キロにわたる古層の観念を映し出すディティールが豊かである。「生・死・再生」の、いや「死」から始まる「死・再生・生」の観念は、さまざまな神話伝説の源となっている。一見「サウィン／ハロウィン」とは関係なさそうな物語が、その観念をしっかりと土台にしていることをみつけていくことは楽しく深い。

最後にその例を一つ引いて終わることにしよう。

アイルランドの神話伝説のなかでも、若き男女の愛の物語の白眉といわれる「ジャーミッドとグラーニャ」（九―十世紀に成立）は、アーサー王伝説のなかの「トリスタンとイゾルデ」の元になった物語といわれている。「ジャーミッドとグラーニャ」や「トリスタンとイゾルデ」に共通するのは、表面的にみれば、男女の駆け落ちというスペクタクルである。聴き手、読み手や観客をこれほどわくわくさせ感銘を与える物語もほかにないほど、人気を博し、後者はワグナーのオペラからジャン・コクトーの映画（邦題『悲恋』）、二十一世紀の映像やマンガにまで、まさにリ・インカーネートしている。

「ジャーミッドとグラーニャ」や「トリスタンとイゾルデ」の若い男女の駆け落ちの物語だが、その命がけの逃避行を生じさせた原因は何かといえば、二人の間の熱愛を阻止しようとする「老いた王」が、死の追っ手を放ったからである。

「トリスタンとイゾルデ」では、トリスタンが仕えたマルク王が立ちはだかる。アイルランドの王女だったイゾルデを自分の妃として迎えることになっていたにもかかわらず、その御遣いとして、アイルランドに迎えに行かせた甥のトリスタンが、こともあろうにその姫と偶然媚薬を飲み干し、熱愛の関係となったからである。

しかしこの物語は、単なる「三角関係」ものではない。老王が象徴しているのは、本書の「ベルティネ／五月祭」で述べた、樹木の交替劇が示唆している通り、「過去の権力・旧い時間」であり、トリスタンとイゾルデは、未来の時間へと進む「若い力・新しい時間」を表象する。二人は、季節を巡らせるケルトの暦を回す黄金のノブとして、アイリッシュ海の船上から躍り出た。その若者と乙女のエネルギーを表象しているのである。

しかし「自然界」には必ずやってくる「死からの再生」も、「人間界」では成就されないこともある。アイルランドの「ジャーミッドとグラーニャ」の物語は、王家の娘で絶世の美女であるグラーニャが、城に集《つど》ったフィン・マク・クウィル率いるフィアナ騎士団を出迎えた時、老いたフィン王に求婚されたが、若き騎士ジャーミッドに一目惚れし、彼女は魔術まで用いて、ジャーミッドと相思相愛となり、結果、王の追っ手から逃れてアイルランド中を逃げ回ることとなった。グラーニャは身ごもる。しかしジャーミッドは「猪」に攻撃され、瀕死となる。そこへ追いついたフィン王は、彼女の懇願にもかかわらず、ジャーミッドに命の水を与えなかった。それを為そうと思い直したときは、時、既に遅し。ジャーミッドはグラーニャの腕のなかで死んでいく。

では、「ジャーミッドとグラーニャ」の伝説は、敗北の物語なのだろうか。実は婚姻を迫ってきた老王を退けるという危険を冒し、魔法まで用いて、彼女がジャーミッドを獲得せねばならなかった理由があった。女性の方から騎士に迫ることまでして若者を獲得しようとした、そこにこそ、この物語の真意が秘められているのではないのか。

グラーニャが死も覚悟し「老王」を退けたのは、老王によって統治される世の中の「衰弱」を回避させ、それと交替すべき漲《みなぎ》る新しい力を生み出す騎士の若さ・エネルギーを生かして活かす役割を自ら負ったからではないか。できるならばその若者と結ばれること（同衾・結婚・出産）によって、世に豊饒をもたらし、大自然の「生命の周期」を確実なものとしようとしたからではなかっただろうか。

神話の思考において若い騎士は潜在力の象徴であり、黄金の「種・子」である。その力を引き出し成長させる穀物の「母神」として、グラーニャがいるのではないか。ジャーミッドが、農耕の「種」や、牧畜の「子牛」や「子羊」や「子豚」を象徴するとすれば、それを育むには最初の「水」が必要である。傷ついた子は水やりによって蘇生するはずであるのに、嫉妬からフィン王は与えなかった。王はその老いの功績（収穫）を自分だけのものにしようとしたために、子、後継ぎ、部下が創る来るべき「未来時間」をみすみす逃したという顛末がこの物語に浮き彫りになる。

この読み解きはまだ続けたいところだ。が、与えられた紙幅は尽きている。続きは次の機会に譲りたい。ただしこのテーマをエピローグで示したのは、「ジャーミッドとグラーニャ」も「トリスタンとイゾルデ」も、中世の男女の愉楽のテキストではなく、その奥義において季節の巡りに添う「死からの再生」の秘蹟を孕んだ物語に違いないと考えるからである。

ケルトの「四つの季節祭」の内、本書の第四章の「ルーナサ」で、筆者は秋の収穫祭に、「お見合い」する男女は、「次の稔り」のアレゴリーであると述べておいた。確かなのは、「旧い王」の成就を、「新しい騎士」が継承発展させるための踏ん張りは、騎士だけでは成し遂げられないということである。さらなる成長への周期を司るのは「乙女《メイデン》」であるだろう。彼女は母神の役割をも担う。

しかしその乙女もまた、「サー・ガウェインと緑の騎士」においてアーサー王たちが経験したように、「緑の騎士」の到来がなければ、未来を育み「循環」させる力をもつことはできないという、さらなる意味が潜まされている。男女の両方、そして異なる世代同士の協働でしか成り立たない当然の生命活動を動植鉱物は忘れないのに、人は忘却して現在に至っているのだろう。そしてこれを人や王国の一生ではなく、もっと身近な生活の周期のなかで、再生を願い、勤《いそ》しむ人間がいるとすれば、その人々は、暦という知恵を生み、豊饒の螺旋を生きて描く。それがケルトの「四つの季節祭」である。

生命の、時の回廊の始まりに、「サウィン／ハロウィン」はある。毎年、その最初の夜は必ずやってくる。私たちは、「霊魂のお菓子《ソウル・ケーキ》」に込められた「再生のレシピ」を学び、そのわくわくする特別の夜を待つことにしよう。そしてその後に続く季節祭を楽しみに、次の周期へと出発するのである。

あとがき

今やわが国でもアメリカ型「ハロウィン」が大人から子どもまでに楽しまれるようになって久しい。しかしこれほどポピュラーな祭が、そもそもどのような起源をもっているのか、この祭日にはいかなる願いが託されてきたのかを、本邦では、その始原に遡って明らかにしてくれる手がかりが、なかなかないといわれてきた。

「ハロウィン」について書くことは、その起源の「サウィン」について説明することで終わらず、それがスタートである「ケルトの四つの季節祭」をきちんと巡ることを意味している。天の運行と大自然の生命循環の下、人は生かされているからである。

ケルト、さらにそのルーツであるインド＝ヨーロッパ語族の文化にも共有されただろう生と死の狭間に生きる人間の思いと知恵を、本書でまず描くことを試みた。構想は以前からあったが、それをこの度、実現に導いてくれたのが、編集者の今井章博氏はじめ、NPO法人東京自由大学、宮古地人協会の方々である。縁あって顧問を務めさせて頂いている「東京自由大学」での講座や交流活動は本書を纏めるに当たり大いなる契機となった。「ハロウィン」の冬の追っ手のように迫り来る暦のなか懸命に、時の再生の回廊を廻し続け、伴走くださったことに心より御礼を申し上げたい。

そしてそれを親しみある書としてここに形にし刊行してくださった筑摩書房編集部の永田士郎氏、皆様に心より感謝する次第である。

最後になったがアイルランド調査行における、「カフェ・バッハ」の田口文子氏と、ダブリンの啓子&マラキ・ブロフィー夫妻の篤いご協力、ならびに法政大学名誉教授・松岡利次氏の貴重なご教示に深謝したい。結成五十五周年となるアイルランド伝統音楽の至宝「ザ・チーフタンズ」リーダー、パディ・モローニ氏との対話からもお力を頂いた。八十歳になんなんとする氏の即興演奏の四曲は、エリンの国の緑色の循環を描いていた。

本書が、読者の皆さんそれぞれの「生の季節祭」の節々に親しまれて、その再生力の縁となることを心から願うものである。

「ルーナサ」祭のイヴに記す

鶴岡真弓

図3-14 「サー・ガウェインと緑の騎士」大英図書館蔵

第4章

図4-1 三面の「ルグス神」サン・ジェルマン・アン・レー国立考古学博物館蔵

図4-2 ダンカン「妖精の騎士たち」 ダンディー・アート・ギャラリー&ミュージアム蔵

図4-6 ゼッフィレッリ監督『ロミオとジュリエット』(1968年)

図4-8 ザルツブルクの画家「穂麦の聖母」バイエルン国立博物館蔵

図4-13 一家の「鬼婆」としての老女 Dames, Michael, *Mythic Ireland*, London, 1992.

図4-14 藁人形斬りの儀礼 Dames, Michael, *Mythic Ireland*, London, 1992.

第5章

扉絵, 図5-4, 6, 7, 10, 11, 18, 19 『ケルズの書』ダブリン大学トリニティ・カレッジ図書館蔵

図5-1 『石の中の剣』DVD ラベル (1963年)

図5-5, 15 トム・ムーア監督『ブレンダンとケルズの秘密』告知ポスター, チャイルドフィルム, ミラクルヴォイス

図5-13 金工のケルト渦巻文様「タラ・ブローチ」アイルランド国立博物館蔵

図5-14 『リンディスファーンの福音書』大英図書館蔵

図1-8上　カブの「ジャック・オー・ランタン」アイルランド国立農村民俗博物館蔵
図1-10　「コリニーの暦」ガロ＝ローマ博物館蔵
図1-11　「魔女の集会」国立西洋美術館蔵

第2章

図2-4上　https://mydevotionstodea.wordpress.com/2017/01/31/symbolism-of-brigids-cross/
図2-9　ダンカン「天使に運ばれベツレヘムへ行く聖ブリギッド」スコットランド・ナショナル・ギャラリー蔵
図2-16　バルトロッツィ「カラタクスをローマのオストリウスに引き渡すブリガンティ族の女王カルティマンドゥア」大英博物館蔵
図2-17　「ブリガンティア像」ブルターニュ博物館蔵
図2-20　「ブリガンティ族の馬飾り」大英博物館蔵
図2-27　「聖母マリアの神殿奉献」『ラットレル詩篇』大英図書館蔵
図2-28　https://www.lavenderandlovage.com/2013/02/recipe-crepes-de-la-chandeleur-candlemas-pancakes-for-candlemas-day.html/imbolc-feb2000
図2-29　http://www.redmoonmysteryschool.com/imbolc--celebrating-the-goddess-brigid.html
図2-30　ジャガイモを刺した「聖ブリギッドの十字架」アイルランド国立農村民俗博物館蔵

第3章

扉絵　ブレイク「オベロン，タイターニア，パックと踊る妖精たち」テイト・ギャラリー蔵
図3-1　http://liborcermak.blog.idnes.cz/blog.aspx?c=34065
図3-4　ペイトン「オベロンとタイターニアの仲違い」スコットランド・ナショナル・ギャラリー蔵
図3-5，15，16，19　ラインハルト＆ディターレ監督『真夏の夜の夢』（1935年）
図3-10　「グリーン・マン」バンベルク大聖堂
図3-13　http://www.alanmoonbear.com/wp-content/uploads/2014/12/oak-and-holly-battle.jpg

ミーハン，バーナード『ケルズの書』鶴岡真弓訳，創元社，2002年.
ライト，F．L．『自然の家』富岡義人訳，ちくま学芸文庫，2010年.
Backhouse, Janet, *The Lindisfarne Gospels*, N. Y., 1981.
Bain, George, *CelticArt*, Glasgow, 1951.
Bioletti, S. & Moss, R., *Early Irish Gospel Books in the Library of Trinity College Dublin*, Dublin, 2016.
Book of Kells–Trinity College Library, Dublin, Ms. 58, Faksimile Verlag, Luzern, 1990.
Brown, Michelle P., *The Lindisfarne Gospels: Society, Spirituality and the Scribe*, The British Library, London, 2003.
Henry, Françoise, *The Book of Kells. Reproductions from the manuscript in Trinity College Dublin*, London, 1976.
Meehan, Bernard, *The Book of Durrow: A Medieval Masterpiece at Trinity College Dublin*, Dublin, 1996
Nordenfalk, Carl, *Celtic and Anglo-Saxon Painting: Book Illumination in the British Isles 600-800*, London, 1977.
Sullivan, E., *The Book of Kells,* 1920; (Kessinger Publishing reprint, 2010.)
The Book of Kells: Evangeliorum Quattuor Codex Cenannensis, Urs Graf-Verlag, Berne, 1950, 1951.

図版出典・所蔵先

口絵

P. 1 左　アイルランド国立農村民俗博物館蔵
P. 1 右　http://smashcave.com/photography/18-creepy-vintage-photos/
P. 2 下　『ケルズの書』ダブリン大学トリニティ・カレッジ図書館蔵

第 1 章

図 1 − 6　「サウィン」の仮面　アイルランド国立農村民俗博物館蔵

孝雄訳,『ユリイカ　特集　源流のヨーロッパ』, 1991年.
クッツリ, ルドルフ『フォルメンを描く：シュタイナーの線描芸術』巻1・2, 石川恒夫訳, 晩成書房, 1997年, 1998年.
クラーク, ケネス『芸術と文明』河野徹訳, 法政大学出版局, 1975年.
クラーニッヒ, エルンスト＝ミヒャエルほか.『フォルメン線描：シュタイナー学校での実践と背景』森章吾訳, 筑摩書房, 1994年.
クローカー, T. C.『ケルトの妖精たちの世界（下）』藤川芳朗訳, 草思社, 2001年.
ゴンブリッチ, E. H.,『装飾芸術論』白石和也訳, 岩崎美術社, 1989年.
スナイダー, クリストファー『アーサー王百科』山本史郎訳, 原書房, 2002年.
ジョイス『フィネガンズ・ウェイクI・II』柳瀬尚紀訳, 河出書房新社, 1991年.
セリグマン, パトリシア『装飾文字の世界』鶴岡真弓訳, 三省堂, 1996年.
ベルクソン, アンリ『創造的進化』合田正人ほか訳, ちくま学芸文庫, 2010年.
中央大学人文科学研究所編『続　剣と愛と　中世ロマニアの文学』研究叢書40, 中央大学出部, 2006年.
中央大学人文科学研究所編『伝統と民族の想像力』研究叢書8, 中央大学出版部, 1991年.
鶴岡真弓「アーサー王伝説「石から抜かれた剣」：ケルト神話が結ぶインド＝ヨーロッパの観念」『説話・伝承学』14号, 説話・伝承学学会. 2006年.
鶴岡真弓『ケルト美術』ちくま学芸文庫, 2001年.
鶴岡真弓『ジョイスとケルト世界』平凡社ライブラリー, 1999年.
鶴岡真弓『ケルト美術への招待』ちくま新書, 1995年.
萩原美佐枝『ケルズの書：復元模写及び色彩と図像の考察』求龍堂, 2016年.
ペヴスナー, ニコラス『英国美術の英国性』友部直・蛭川久康訳, 岩崎美術者, 1981年.
ムーア・トム監督『ブレンダンとケルズの秘密』, プログラム, チャイルドフィルム, ミラクルヴォイス, 2008年.
ミーハン, バーナード『ケルズの書：ダブリン大学トリニティ・カレッジ図書館写本』鶴岡真弓訳, 岩波書店, 2015年.

索社，1986年．

ピゴット，スチュワート『ケルトの賢者 ドルイド：語りつがれる「知」』鶴岡真弓訳，講談社，2000年．

プリニウス『プリニウスの博物誌 植物篇』大槻真一郎訳，八坂書房，2009年．

ホーソーン，ナザニエル『トワイス・トールド・テールズ』上・下巻，井坂義雄ほか訳，桐原書店，1981年，1982年．

中沢新一・鶴岡真弓・月川和雄『ケルトの宗教：ドルイディズム』岩波書店，1997年．

Squire, Charles, *Celtic Myth and Legend*, London, 2003.

第4章

グリーン，ミランダ，J．『ケルト神話・伝説事典』井村君江監訳，渡辺充子・大橋篤子・北川佳奈訳，東京書籍，2006年．
コズマン，P．マドレーヌ『ヨーロッパの祝祭と年中行事』加藤恭子・山田敏子訳，原書房，2015年．
シェイクスピア『ロミオとジュリエット』小田島雄志訳，白水社，1983年．
Freeman, Mara, *Kindlings the Celtic Spirit*, N. Y., 2000.
Guide to the National Museum of Ireland: of Country Life, 2016.
Hughes, Harry, *Croagh Patrick: A place of Pilgrimage*, 2010.
"Lughnasa Live". Raidió Teilifís Éireann; http://www.rte.ie/tv/programmes/lughnasa.html
Loomis, R. S., *Celtic Myth and Arthurian Romanace*, N, Y., 1967.
MacNeill, Maire, *The Festival of Lughnasa:A Study of the Survival of the Celtic Festival of the Beginning of Harvest*, Dublin, 1962.
McCaffrey, C. & Eaton, L., *In Search of Ancient Ireland: The Origins of the Irish, from Neolithic Times to the Coming of the English*, Chicago, 2003.

第5章

ヴォリンゲル，ウィルヘルム『抽象と感情移入』草薙正夫訳，岩波文庫，1953年．

エーコ，ウンベルト『中世美学史』谷口伊兵衛訳，而立書房，2001年．

エーコ，ウンベルト「中世修辞学とケルト：『ケルズの書』によせて」塚田タキトゥス『同時代史』國原吉之助訳，ちくま学芸文庫，2012年.
ベーダ『ベーダ英国民教会史』高橋博訳，講談社学術文庫，2008年.
マイヤー，ベルンハルト『ケルト事典』鶴岡真弓監修，平島直一郎訳，創元社，2001年.
龍村仁『地球交響曲　第一番』（ドキュメンタリー映画）オンザロード，1992年.
鶴岡真弓『ケルト／装飾的思考』筑摩書房，1989年（ちくま学芸文庫，1993年）.
鶴岡真弓・松村一男『ケルトの歴史』河出書房新社，1999年.
松岡利次『ケルトの聖書物語』岩波書店，1999年.
松岡利次「『マッコングリニの夢想』その四」法政大学教養部「紀要」第八九号，1994年.
松村一男『神話思考：I 自然と人間』言叢社，2010年.
『聖書』新共同訳，日本聖書協会，2011年.
Dames, Michael, *Mythic Ireland, London*, 1992.
Halpin, A. & Newman, C., *Ireland, An Oxford Archaeological Guide to Sites from Earliest Times to AD 1600*, Oxford, 2009.
Olmstead, Garret, *Gods of the Celts and Indo-europeans*, Insbruck, 1994.

第3章

アンダーソン, ウイリアム『グリーンマン』板倉克子訳，河出書房新社，1998年.
ヴァルテール, フィリップ『中世の祝祭』渡邉浩司・渡邉裕美子，原書房，2007年.
グースカン, マリ－フランス『フランスの祭りと暦』樋口淳訳，原書房，1991年.
ゲスト, シャーロット『マビノギオン』井辻朱美訳，原書房，2003年.
シェイクスピア『夏の夜の夢』小田島雄志訳，白水社，1983年.
ディレイニー, フランク『ケルトの神話・伝説』鶴岡真弓訳，創元社，2000年.
トールキン, J. R. R.『サー・ガウェインと緑の騎士』山本史郎訳，原書房，2003年.
フレイザー, ジェイムズ『金枝篇』全巻，永橋卓介訳，岩波文庫，2002年.
フレイザー, ジェイムズ『王権の呪術的起源』折島正司・黒瀬恭子訳，思

参考文献一覧

第1章

アーヴィング, ワシントン『スケッチ・ブック』下巻, 齊藤昇訳, 岩波文庫, 2015年.
イェイツ, W. B.『幻想録』島津彬郎訳, ちくま学芸文庫, 2001年.
イェイツ, W. B. 編『ケルト幻想物語』井村君江編訳, ちくま文庫, 1987年.
カーソン, キアラン『トーイン』栩木伸明訳, 東京創元社, 2011年.
シャーキー, ジョン『ミステリアス・ケルト——薄明のヨーロッパ』新版・イメージの博物誌, 鶴岡真弓訳, 平凡社, 2013年.
スウィフト『スウィフト政治・宗教論集』中野好之・海保眞夫訳, 法政大学出版局, 1989年.
ブラッドベリ, レイ『ハロウィンがやってきた』伊藤典夫訳, 晶文社, 1975年.
モートン, リサ『ハロウィーンの文化誌』大久保庸子訳, 原書房, 2014年.
嶋内博愛『燃える人』言叢社, 2012年.
松岡利次『アイルランドの文学精神』岩波書店, 2007年.
『キリスト教大事典（改定新版）』教文館, 1991年.
Al, Ridenour, *The Krampus and the Old Dark Christmas: Roots and Rebirth of the Folkloric Devil*, Washington, 2016.
Leslie, C,W. & Gerace, F.E., *The Ancient Celtic Festivals and How We Celebrate Them Today*, Vermont, 2000.
Parisot, Jean-Paul, "Les phases de la Lune et les saisons dans le calendrier de Coligny", *Études indo-européennes*, 13, 1985, 1-18.
Rogers, Nicholas, *Halloween*, Oxford, 2002.

第2章

ギラルドゥス, カンブレンシス『アイルランド地誌』有光秀行訳, 青土社, 1996年.
コットレル, アーサー『世界の神話百科——ギリシア・ローマ／ケルト／北欧』松村一男・蔵持不三也・米原まり子訳, 原書房, 1999年.

ちくま新書
1286

ケルト　再生《さいせい》の思想《しそう》
――ハロウィンからの生命循環《せいめいじゅんかん》

二〇一七年一〇月一〇日　第一刷発行

著　者　鶴岡真弓（つるおか・まゆみ）
発行者　山野浩一
発行所　株式会社　筑摩書房
東京都台東区蔵前二-五-三　郵便番号一一一-八七五五
振替〇〇一六〇-八-四一二三
装幀者　間村俊一
印刷・製本　三松堂印刷　株式会社

乱丁・落丁本の場合は、左記宛にご送付ください。
送料小社負担でお取り替えいたします。
ご注文・お問い合わせも左記へお願いいたします。
〒三三一-八五〇七　さいたま市北区櫛引町二-六〇四
筑摩書房サービスセンター　電話〇四八-六五一-〇〇五三

ISBN978-4-480-06998-6 C0239

ちくま新書

ちくま新書

581
会社の値段
森生明
会社を「正しく」売り買いすることは、健全な世の中を作るための最良のツールである。「M&A」から「株式投資」まで、新時代の教養をイチから丁寧に解説する。

582
ウェブ進化論
――本当の大変化はこれから始まる
梅田望夫
グーグルが象徴する技術革新とブログ人口の急増により、知の再編と経済の劇的な転換が始まった。知らないではすまされない、コストゼロが生む脅威の世界の全体像。

619
経営戦略を問いなおす
三品和広
戦略と戦術を混同する企業が少なくない。見せかけの「戦略」は企業を危うくする。現実のデータと事例を数多く紹介し、腹の底からわかる「実践的戦略」を伝授する。

628
ダメな議論
――論理思考で見抜く
飯田泰之
国民的「常識」の中にも、根拠のない〝ダメ議論〟が紛れ込んでいる。そうした、人をその気にさせる怪しい議論をどう見抜くか。その方法を分かりやすく伝授する。

687
ウェブ時代をゆく
――いかに働き、いかに学ぶか
梅田望夫
ウェブという「学習の高速道路」が敷かれた時代に、いかに学び、いかに働くか。オプティミズムに貫かれ、リアリズムに裏打ちされた、待望の仕事論・人生論。

701
こんなに使える経済学
――肥満から出世まで
大竹文雄編
肥満もたばこ中毒も、出世も談合も、経済学的な思考を上手に用いれば、問題解決への道筋が見えてくる！　経済学のエッセンスが実感できる、まったく新しい入門書。

785
経済学の名著30
松原隆一郎
スミス、マルクスから、ケインズ、ハイエクを経てセンまで。各時代の危機に対峙することで生まれた古典には混沌とする経済の今を捉えるためのヒントが満ちている！

ちくま新書

ちくま新書

1128
若手社員が育たない。
——「ゆとり世代」以降の人材育成論

豊田義博

まじめで優秀、なのに成長しない。そんな若手社員が増加している。本書は、彼らの世代的特徴、職場環境、大学での経験などを考察し、成長させる方法を提案する。

1130
40代からのお金の教科書

栗本大介

子どもの教育費、住宅ローン、介護費用、老後の準備、相続トラブル。取り返しのつかないハメに陥らないために、「これだけは知っておきたいお金の話」を解説。

1138
ルポ 過労社会
——八時間労働は岩盤規制か

中澤誠

長時間労働が横行しているのに、さらなる規制緩和は必要なのか？ 雇用社会の死角をリポートし、「働きすぎの日本人」の実態を問う。佐々木俊尚氏、今野晴貴氏推薦。

1166
ものづくりの反撃

中沢孝夫
藤本隆宏
新宅純二郎

「インダストリー4.0」「ＩｏＴ」などを批判的に検証し、日本の製造業の潜在力を分析。現場で思考をつづけてきた経済学者が、日本経済の夜明けを大いに語りあう。

1175
30代からの仕事に使える「お金」の考え方

児玉尚彦
上野一也

あなたは仕事できちんと「お金」を稼げていますか？ビジネス現場で最も必要とされる「お金で考えるスキル」を身につけて、先が見えない社会をサバイブしろ！

1179
日本でいちばん社員のやる気が上がる会社
——家族も喜ぶ福利厚生100

坂本光司＆
坂本光司研究室

全国の企業１０００社にアンケートをし、社員と家族を幸せにしている100の福利厚生事例と、業績にも確実によい効果が出ているという分析結果を紹介する。

1188
即効マネジメント
——部下をコントロールする黄金原則

海老原嗣生

自分の直感と経験だけで人を動かすのには限界がある。マネジメントの基礎理論を学べば、誰でもいい上司になれる。人事のプロが教える、やる気を持続させるコツ。

ちくま新書